# PREMIUM HOUSING MATERIALS

Selected by

ハウジング・トリビューンが選ぶ

# プレミアム住宅建材

# 50

2023年度版

| | | | 先進性 | 独自性 |
|---|---|---|---|---|
| 構造材 | 兼松サステック株式会社 | ニッサンクリーンAZN処理木材 | | ● |
| | 株式会社住宅構造研究所 | 延樹・ブランチ | ● | ● |
| | 株式会社ダイドーハント／株式会社栗山百造 | フロッキン狭小壁 | ● | ● |
| | 株式会社タナカ／株式会社つくば創研 | 新・つくば耐力壁 | ● | ● |
| | 中国木材株式会社 | ハイブリッド・ビーム | ● | |
| | 日本合板工業組合連合会 | ネダノン | | ● |
| | 日本ノボパン工業株式会社 | novopan STPII | | ● |
| | 株式会社長谷川萬治商店 | DLT | ● | |
| | YKK AP株式会社 | FRAMEII | | ● |
| 断熱材 | アキレス株式会社 | ジーワンボード(Z1ボード) | | ● |
| | 旭ファイバーグラス株式会社 | Aclear α(アクリア アルファ) | | ● |
| | 旭ファイバーグラス株式会社 | 建築用真空断熱材 | ● | ● |
| | 株式会社イケダコーポレーション | シュタイコ | | ● |
| | 株式会社イノアックコーポレーション | サーマックス真壁式パネル | ● | ● |
| | 株式会社JSP | ミラフォームΛ(ラムダ) | | ● |
| | デュポン・スタイロ株式会社 | スタイロフォームAT | | ● |
| | パラマウント硝子工業株式会社 | 太陽SUNR | | ● |
| 内装材 | 朝日ウッドテック株式会社 | LiveNaturalプレミアム オール国産材 | ● | ● |
| | 株式会社ウッドワン | ピノアース足感フロア | ● | ● |
| | 永大産業株式会社 | 銘樹モクトーン 銘樹モクトーンC | | ● |
| | ケイミュー株式会社 | SOLIDO(ソリド) | | ● |
| | 大建工業株式会社 | ダイケン健やかおもて | | ● |
| | ルノン株式会社 | 空気を洗う壁紙® | ● | ● |
| 外装材 | アイカ工業株式会社 | ジョリパット リミュール工法 | | ● |
| | アイジー工業株式会社 | SP-ガルボウ | | ● |
| | 旭トステム外装株式会社 | SHiZEN(シゼン)SAND | | ● |
| | JFE鋼板株式会社 | ジョイント立平® | ● | ● |
| | 株式会社鶴弥 | スーパートライ美軽 | ● | ● |
| | ニチハ株式会社 | Fu-ge(フュージェ)プレミアム | | ● |
| | 株式会社ハウゼコ | デネブエアルーフ | | ● |
| 開口部材 | 株式会社エクセルシャノン | シャノンウインドSPG | | ● |
| | キマド株式会社／一般社団法人木創研 | 木製クワトロサッシ | | ● |
| | 三和シヤッター工業株式会社 | マドモア耐風ガードスクリーンGIIタイプ 防火仕様 | | ● |
| | 文化シヤッター株式会社 | フラムヴェスタ | | ● |
| | 株式会社LIXIL | 樹脂窓 EW | | ● |
| | 株式会社LIXIL | リプラス 高断熱汎用枠 | | ● |
| | YKK AP株式会社 | APW 331ハイブリッドスライディング | | ● |
| 副資材 | 旭・デュポン フラッシュスパン プロダクツ株式会社 | VCLスマート® | | |
| | 株式会社エコパウダー | eことアル工法 | | ● |
| | セーレン株式会社 | ラミテクトプレミアムサーモ | ● | ● |
| | 田島ルーフィング株式会社 | マスタールーフィング | ● | ● |
| | 早川ゴム株式会社 | IB-HDF-CLT工法 | | ● |
| | フクビ化学工業株式会社 | ウェザータイト | | ● |
| | フクビ化学工業株式会社 | SILENT DROP(サイレントドロップ) | | ● |
| エクステリア | 株式会社コンクレタス | 出世基礎 土地分け丸 | | ● |
| | 三協立山株式会社 三協アルミ社 | U.スタイル アゼストシリーズ | ● | |
| | 太陽エコブロックス株式会社 | スーパー防災RM塀 | | ● |
| | 株式会社タカショー | エバーアートボード | | ● |
| 金物 | アトムリビンテック株式会社 | SW移動間仕切りシステム | | ● |
| | BXカネシン株式会社 | プレセッターSU 片持ち梁金物 | ● | ● |

| 社会性 | 性能品質 | コスパ | デザイン | 施工性 | 将来性 | 使い勝手 | 生産性 | |
|---|---|---|---|---|---|---|---|---|
| ● | | | | | ● | | ● | 28 |
| | ● | ● | | | | | | 30 |
| ● | | | | ● | | | | 32 |
| | | ● | | ● | | ● | | 34 |
| ● | | | | | ● | | | 36 |
| ● | | ● | | ● | | | ● | 38 |
| ● | | ● | | ● | | | | 40 |
| ● | | | ● | | | | ● | 42 |
| ● | | | | | ● | | | 44 |
| | | | | | ● | | | 46 |
| ● | | ● | | | | ● | ● | 48 |
| | ● | | | | | | | 50 |
| | ● | | | | | | | 52 |
| | | | | ● | ● | | | 54 |
| | | | | ● | | | | 56 |
| ● | ● | | | ● | | | | 58 |
| | ● | | | | | | | 60 |
| | | | ● | | ● | | | 62 |
| | | | ● | | | | | 64 |
| | ● | ● | | | | | | 66 |
| ● | | | | | | | ● | 68 |
| | ● | | ● | ● | | | | 70 |
| | ● | | | | | | | 72 |
| ● | | | | | | | | 74 |
| | ● | | | | | | | 76 |
| | ● | | | ● | | | | 78 |
| | ● | | | | ● | | ● | 80 |
| ● | | | ● | | | | | 82 |
| | ● | | ● | | | | | 84 |
| ● | | | | | | | | 86 |
| | | | | ● | ● | | | 88 |
| | | | | ● | | | | 90 |
| | ● | | | | | | | 92 |
| | ● | | | | | | | 94 |
| | ● | | | | | | | 96 |
| | | | | | ● | | | 98 |
| | | | | ● | | | | 100 |
| ● | | | | ● | | | | 102 |
| ● | | | | ● | | ● | | 104 |
| | | | | ● | | | | 106 |
| | ● | | | | | | | 108 |
| ● | | | ● | | | | | 110 |
| ● | | | | ● | | | | 112 |
| | ● | | | ● | | | | 114 |
| | | | | ● | | | | 116 |
| | | | ● | | | ● | ● | 118 |
| ● | | | | ● | | ● | | 120 |
| | | ● | ● | | ● | | | 122 |
| ● | ● | | | | ● | | | 124 |
| | | | | ● | ● | | | 126 |

ハウジング・トリビューンが選ぶ

# プレミアム住宅建材 50

2023年度版

有識者に聞く

## 特に注目した建材は？

深掘りインタビュー!!

## ■編集にあたって

社会環境の変化、ニーズの多様化がこれまでにない速度で進むなか、住まいづくりが大きく変わりつつある。

脱炭素に向けて大きな動きが加速しつつあるが、国の掲げる方針というだけではなく、住まい手側のニーズも高まっている。また、コロナ禍で暮らし方が大きく変わった。例えば、在宅時間が増加したことであらためて自らの住まいを見つめ直し、その改善を考え始めている。

住まいを構成する「建材」が果たす役割はこれまで以上に大きくなっている。住宅の基本的な性能・品質を下支えし、外観・内観の美観や質感など意匠面をつかさどる。建材が居住性を左右するといっても過言ではなかろう。

ハウジング・トリビューン誌は、住生活産業の総合情報誌として30年以上にわたり、住宅産業の「今」と「これから」を見つめ続け、その変化を追ってきた。

こうしたなかで、編集部は、2015年に「プレミアム住宅建材」を発刊し、毎年版を重ねてきた。ともすれば裏方に徹しがちな住宅建材にスポットを当て、住宅事業者はもとより、エンドユーザーも含めて住宅建材への関心を高めてほしい、そんな想いで発行を続けている。より豊かな暮らしを実現するために、住宅建材の知

### 10の評価項目

1 世界初、業界初の技術で次世代を切り拓く「先進性」

2 唯一無二の付加価値を創造する「独自性」

3 社会的な課題を解決する「社会性」

4 さらなる高性能を目指す「性能・品質」

5 より良いものをより安くという「コストパフォーマンス」

6 住まいを美しく彩る「意匠性」

7 現場の手間を軽減する「施工性」

8 これからの普及に期待が集まる「将来性」

9 使用者目線に立った「使い勝手」

10 幅広いニーズに効率的に対応する「生産性」

識や理解を深めることが重要と考えているからだ。

「プレミアム住宅建材」は、編集部が、こだわりの"プレミアム"な建材を50商品選出する。選出にあたっては、10の評価項目を設定、性能や品質、他商品にない特徴などを持つ商品を取り上げた。

7回目の発行となる「2023年度版」では、新たに有識者の協力を仰ぎ、選出した50商品のうち注目する商品とその理由、また、建材の開発に求められるポイントなどの解説をインタビューとして掲載した。協力いただいた田辺新一・早稲田大学教授、網野禎昭・法政大学教授、飯塚豊・アイプラスアイ設計事務所代表取締役、秋元孝之・芝浦工業大学教授、内山博文・(一社)リノベーション協議会会長に、この場を借りてあらためて御礼申し上げます。

ハウジング・トリビューン誌という第三者の目でプレミアム建材を評価することで、少しでも住宅事業者やエンドユーザーが住宅用建材の「目利き」になることのお手伝いができれば幸いである。

ハウジング・トリビューン編集長　平澤和弘

先進性
独自性
社会性
性能品質
コスパ
デザイン
施工性
将来性
使い勝手
生産性

# プレミアム住宅建材

# 50

有識者に聞く

# 特に注目した建材は?
## 深掘りインタビュー‼

住宅業界、建材に詳しい大学教授や、人気の建築家など、5人の有識者の方々に、
2023年度の「プレミアム住宅建材」50商品をどのように見るのを伺った。
それぞれの有識者が特に注目する商品は何か、面白いと思った建材は何か、
5商品ほど挙げていただき深掘りしてお話をお聞きした。
また、それぞれの視点から、
社会、消費者は、この先どのような住宅、建材を必要としているのかを語ってもらった。

## インタビューした5人の有識者

建築環境学の研究者として知られる

早稲田大学 理工学術院 創造理工学部 建築学科 教授

# 田辺 新一 氏

スイスやオーストリアで本場の木造建築を経験

法政大学 デザイン工学部 建築学科 教授

# 網野 禎昭 氏

「間取りの方程式」の著者、高性能戸建住宅で豊富な設計実績を持つ

アイプラスアイ設計事務所 代表取締役、法政大学 デザイン工学部 兼任講師

# 飯塚 豊 氏

建築設備が専門で、熱環境・空気環境を中心に豊富な研究実績を持つ

芝浦工業大学 建築学部 建築学科 教授

# 秋元 孝之 氏

リノベーションの第一人者、性能向上リノベ普及に向けた枠組みづくりを推進する

u.company 代表取締役、(一社)リノベーション協議会 会長

# 内山 博文 氏

早稲田大学 理工学術院 創造理工学部 建築学科 教授

# 田辺 新一 氏

## 田辺教授が選出した6商品

| | |
|---|---|
| 旭ファイバーグラス | 建築用真空断熱材 |
| イケダコーポレーション | シュタイコ |
| キマド/(一社)木創研 | 木製クワトロサッシ |
| YKK AP | FRAMEⅡ |
| フクビ化学工業 | SILENT DROP |
| ウッドワン | ピノアース足感フロア |

# 建材をつくる段階のCO₂削減も エンボディドカーボンへの対応が重要に

——「プレミアム住宅建材 50」のうち、特に注目する建材を挙げてください。また、それらの建材について、注目する理由、どういったところを面白いと思ったのかを教えてください。

2022 年 6 月、改正建築物エネ法が公布され、住宅・建築物の省エネ対策の動きが一気に加速しています。2025 年 4 月には、すべての住宅・建築物へ省エネ基準の適合が義務化され、遅くとも 2030 年までに省エネ基準を ZEH 水準に引き上げ、適合が義務

付けられます。

現在、省エネ基準に適合する新築住宅は、全体の約 8 割に上ります。その次の段階として、いわゆる ZEH 水準や、2022 年 10 月から住宅性能表示制度において新設された断熱等性能等級 6、7 のレベルの外皮性能が求められていきます。この時、なかなか充填断熱だけでは対応できないないということが出てきますので、高性能な断熱材、窓などはすごく重要だと思います。

その点で、まず注目したのは、旭ファイバーグラスの「建築用真空断熱材」です。等

級6、7のレベルの断熱性能を目指そうとすると、充填だけでは難しくなり、付加断熱が必要なケースが出てきます。海外のように、壁厚が厚くてもいい住宅であれば大丈夫ですが、日本では、やはり壁の厚みを考えて設計しますし、床面積などが狭くなると困るので、薄い断熱材が重要になります。

真空断熱材は、冷蔵庫にも使用されています。日本の住宅では、冷蔵庫を置ける場所は限られることが多いため、容量が500、600、700ℓと大きくなると困るわけですが、最近では、真空断熱材を採用することで、従来のサイズのまま、あるいはスリム化しながら、容量を大きくすることが可能になっています。住宅にも同じことが求められていると言えそうです。敷地面積が限られ、狭小な住宅が多い日本では、断熱材は薄く、かつ高性能であることが重要であるため選びました。

すでにドイツでは、真空断熱材の規格も整備され、住宅・建築分野で使用され始めています。大学と民間企業の連携により、先進的な技術や新たな住まい方を提案する「エネマネハウス」の取り組みで、私も実際に真空断熱材を使ったことがあります。決められたところにしかクギを打てないことは大変でしたが、その施工法を上手く解決できれば、壁厚を厚くしないで、$U_A$値がかせげるので、すごくいいなと思っています。

断熱材の中からもう一つ選んだのは、イケダコーポレーションの「シュタイコ」です。脱炭素、環境意識への関心が高まる中で、近年、住宅、建築物の分野においても「エンボディドカーボン」という考え方が問われ始めています。LCA（ライフサイクルアセスメント）評価の中で、実際にその住宅、建築物を運用したときに排出される$CO_2$をオペレーショナルカーボン、運用時のカーボンと言います。このオペレーショナルカーボンをネットゼロにしようというのがZEH、ZEBですね。それに対して、建材がつくられて、運ばれて、施工されて、修理されて、壊されるまでに排出される$CO_2$を「エンボディドカーボン」と言います。住宅の建築時、運用時、廃棄までのライフサイクル全体で、$CO_2$の収支をマイナスにする、LCCM住宅への関心も高まってきています。特に材料がつくられて、運ばれて、施工されるまでのところを「アップフロントカーボン」と呼び、それを建築規制するといった動きが英国、デンマークなどで出てきています。建材、断熱材においても、つくるときの$CO_2$をいかに削減するかが問われている。そういう意味では、自然素材、木繊維による断熱材は新たな可能性がある、今後注目されるだろうということであげました。

開口部材については、断熱材と同じで、つくるときに排出される$CO_2$、エンボディドカーボンの観点から、キマド／（一社）木創研の「木製クワトロサッシ」を選びました。

ヨーロッパにおいても、木製窓は近年改めて注目されています。環境先進国のドイツでは、樹脂窓の普及率が高いですが、北欧では、プラスチックが嫌いな人が一定数いて、木製窓の採用率が高まってきていると聞きます。日本では、もともと木製窓が多く使用されていましたが、隙間が多く性能があまりよくないため、隙間の少ないアルミサッシの窓が広まりました。しかし、アルミは熱伝導率が高いため、アルミ樹脂複合、そして樹脂の

窓が開発され、普及しています。ただ、近年、循環型資源であり、炭素固定効果が期待できる木への関心が高まってきており、木製窓へ回帰する流れが出てきています。技術開発も進み、隙間のない高性能な木製窓も増えてきています。木製クワトロサッシは、世界トップレベルの断熱性能を備え、かつ大開口を実現できる木製窓ということですので、日本においても人気が高まっていくのではないでしょうか。

## 圧倒的多数を占める
## 住宅ストックの性能向上も

**——その他に、注目された、面白いと思った商品はありますか。**

住宅分野の一層の省エネ対策が求められていますが、1年間に建て替わる新築住宅の数は、住宅ストック全体からするとそれほど多くはありません。面積ベースでは2%以下であり、改修をどのように進めていくのかがすごく重要な課題になっています。

その意味で、耐震と断熱を同時に解決できるYKK APの「FRAMEⅡ」はかなり面白いと思います。日本の建物は、断熱改修で窓を変えようとすると、高性能なサッシなどにより重量が重くなり、そのままでは構造上の強度が不足する懸念がでてきます。また、開口部の改修を行うのであれば、同時に耐震改修も行いたいわけですが、この「FRAMEⅡ」は、耐震と断熱改修を同時に行うことができます。

住宅の省エネ対策の強化により、サッシ類

は重くなり、太陽光発電設備がつくことも増えるため、2025年4月の省エネ基準の適合義務化と合わせて、4号特例の縮小、構造仕様を見直すことが予定されています。木造2階建て、200㎡超の木造平屋建ては、新たに構造関係規定等の図書の提出が必要になります。改修も大規模なものなど、工事内容によっては建築確認申請が義務化されています。「FRAMEⅡ」の耐震性を確保しながら、断熱改修も行えるというのはなかなかすごい。今回の「プレミアム住宅建材50」の中では、これが一番いいなと思いました。また、先ほど挙げた「建築用真空断熱材」も、薄いので改修にも使え、重宝すると思います。

それから副資材のなかで面白いと思ったのは、フクビ化学工業の「SILENT DROP」ですね。実際にマンションなどでは、音の問題で頭を悩ませている設計者や事業者は多いはずです。

実は物理的な音だけでなく、近隣関係も重要なのです。近隣関係が良好で、住民同士挨拶などをして、よく知っている関係であればトラブルにはなりにくいのですが、マンションなどでは、だんだん周りとの関係が薄くなってきています。防犯上のこともあるため、簡単に人と話さなくなっている。隣や上下階に住んでいる人がどんな人なのかわからない分、音に過敏に反応して、許せなくなる人が増えるのでしょう。そうした背景もあり、物理的に音を、重量衝撃音を減らす工夫が求められています。一般的に、重量衝撃音を低減するには、スラブを厚くするといった対策が必要になるのですが、施工も大変でコ

ストもかさみます。

その点、「SILENT DROP」は、軽い材料を天井に載せるだけで、重量衝撃音を低減できる、せっこうボード二重梁よりも重量床衝撃音の低減効果を発揮する、といいます。これだけ軽くて、音の低減効果が期待できるなら、改修でも重宝しますよね。人間関係が殺伐としてきていますから、音の問題は大きいです。

## ウェルビーイングも大きな柱
## 気候災害対策の建材開発も

——社会、消費者は、この先、どのような住宅、建材を必要としているでしょうか。

一つの大きな柱は脱炭素で、私自身も積極的に関わっていることであり、重要なテーマですが、もう一つは、ウェルネスとか、ウェルビーイングの実現、どうやって幸せに暮らせるか、ということが近年、ますます重要なテーマになってきていると思います。

ウクライナ危機が起こり、世界的なエネルギー危機問題も顕在化しています。また、中国を含めたアジアの安全への懸念が高まっています。さらに、トルコで大地震が起きて、日本は大丈夫なのか、みんな心配していますよね。そうした中で、健やかに生きるということがこれまで以上に重要であり、そうした願いを叶えるものが住宅の中にさらに求められていくのではないでしょうか。

また、コロナにより、テレワークが定着して、家で過ごす時間が長くなる人が増えています。日本では、コロナ以前に比べて出勤率は100％に戻っておらず、7割くらい、アメリカは5割くらいしか戻っていないという調査データがあります。コロナ前は、家は帰って寝る場所という人は少なくありませんでしたが、家にいる時間が長くなれば、家の中が気になります。自宅の中で、素材感とか、安らぎとか、感性に訴えるものがもっと大切になります。そういうものが室内でも求められていくのかなという気はしますね。世知辛い世の中だからこそ、将来的には、自然回帰、天然的、ほっこりするようなものへのニーズが高まっていくのではないでしょうか。足の裏で直に触れる床材とか、工業製品だけど、感性に訴えるものがもっと出てきてほしいですね。その意味で、今回、5商品を選んでくださいとう依頼には収まりきれませんでしたが、ウッドワンの「ピノアース足感フロア」も面白い商品だと思いました。そもそも日本人は、靴を脱いで家に入るという文化があり、床に座って過ごす床座の生活スタイルに慣れ親しんできました。多分、海外の人より、足裏の感覚が発達しているはずです。それを足感チャートというものをつくって感覚に訴えているところが面白いなと思いました。

そのほか、気候変動により世界中で洪水や干ばつが相次いでいます。ゲリラ豪雨、巨大台風による水害により、甚大な人的、建物の被害が出ています。また異常に暑い日が続き、ヨーロッパなどでは火事や粉塵などの災害が頻発しています。こうしたこれまで考えられなかった突発的に起こる気候災害に対して、住宅、建材として何ができるのか。有効な対策を考えていくことも喫緊の課題として求められています。

法政大学 デザイン工学部 建築学科 教授

## 網野 禎昭 氏

網野教授が選出した6商品

| | |
|---|---|
| 長谷川萬治商店 | DLT |
| ダイドーハント/栗山百造 | フロッキン狭小壁 |
| タナカ/つくば創研 | 新・つくば耐力壁 |
| イケダコーポレーション | シュタイコ |
| フクビ化学工業 | SILENT DROP |
| ウッドワン | ピノアース足感フロア |

# 数値で測れるパフォーマンスではなく
# 居住者の共感に訴える建材開発を

——「プレミアム住宅建材50」のうち、特に注目する建材を挙げてください。また、それらの建材について、注目する理由、どういったところを面白いと思ったのかを教えてください。

　1つ目は、私が開発に関わっているということもあるのですが、長谷川萬治商店の「DLT」です。ヨーロッパでは中小規模の企業が、低質な製材を並べて釘打ちや木ダボで積層する「ブレットシュタッペル」と呼ばれるものをつくっています。長谷川萬治商店の長谷川泰治社長らと共にヨーロッパを視察し、ブレットシュタッペルなどを参考にして日本で製品化したのが DLT です。

　簡単に言えば、板を並べて木ダボで積層するだけですから、高度な技術は必要なく、設備投資がかからない。CLT みたいに、大規模な設備投資は不要なので、多品種少量生産ができるのです。例えば、こんな木が余っているから、それを利用して DLT をつくり、床や天井、壁の用途で使おうといったことが可能です。製材所が取り置いた端材を使い、注文に応じてつくることもできるし、大工

さんが板を買ってきて現場で組むこともできる。このように、製造方法に幅があり、設計者や住まい手と一緒になり、オリジナルな表情のDLTをつくってみたいねという声に応えられることはすごく面白いと思っています。

製材所は、角の丸まった材などいわゆるB材を積極的に使っていくことで、これまでは廃棄していた木材も販売できるようになる。できるだけ無駄を出さず木を使い切り、歩留まりを高めることによって付加価値を上げることができる。日本では木材の消費量を増やしても歩留りが悪いので、川上の林業が受け取る利益が増えるという状況になっていませんが、DLTは林業に還元される利益を上げていくことにも貢献する製品であると思っています。

一般的に木質製品というと、構造的、物理的なハイパフォーマンスを求められます。しかし、このDLTで大切なのは、そういうすごさ、技術的なパフォーマンスは求めていないことです。強度は弱くなるが、環境のことを考えて木ダボにこだわる。多品種生産による付加価値を求めて色々な板を使えるようにする。だからCLTのように高強度でもないし、大量生産にも向かない。いわゆる工学的な効率性では測れない価値なのです。

確かに施工性も強度も上げないといけない、求められている仕様を達成しないといけない、といった役割が建材には求められますが、新しい役割もあると思います。森林資源を活用し、木材を良い方向で活用していかなければ、森林の維持、中山間地域の雇用もままならなくなる。こうした問題に対して、

DLTは貢献できる役割を持っています。生活を通して環境づくりに参加し、貢献していきたいという消費者は少なくないはずです。必ずしも数値で測れるパフォーマンスが高く、経済的なものがよしとされるのではなくて、製品づくりをとおして、現在の環境問題や社会問題に向かって答えを出そうとしている企業の理念が消費者の共感を呼ぶ。そんな時代になりつつあるのかなと私は思っています。

また、先ほど話したように、DLTは、製造の敷居が低く、お客さんもある程度まで参加することが可能です。お客さん自身が木材の肌合いを選択し、お客さん自身が材料を持ち込むこともできる。このように個人がものづくりとつながっていこうとすることを助けることも、新しい役割であると思います。カタログの中から選べというのは効率的ですが、大量生産から抜け出て、新しい価値を模索していこうよとなった時に、ただ既製品の選択肢を増やそうという話ではないはずです。

──その他に、注目された、面白いと思った商品はありますか。

ダイドーハント／栗山百造の「フロッキン狭小壁」、タナカ／つくば創研の「新・つくば耐力壁」は、狭小の耐力壁でここまでの性能が出るのかと驚きました。幅約400㎜であればコンクリートの柱くらいの幅であり、もはや壁ではない。ここまで耐力壁が狭くなるのであれば、これを組み合わせて柱状にしてしまえば、かなり自由な空間、RCに近いような空間が可能になるのかもしれません。トルコ

で大地震が起きましたが、日本だけではなく、輸出してもニーズはありそうです。いわゆる木造軸組工法は、施工が難しいのかと言えば、そんなこともない。さらに、これらの商品は、誰もが組み立てられるようにキット化されている。日本だけでなく、こういうものを欲しがる人は海外にもいるのではないでしょうか。

イケダコーポレーションの木質繊維断熱材「シュタイコ」も面白い。性能だけで考えれば、高性能グラスウールだったり、ウレタンだったり、様々な代替品がありますが、あえてこれを選ぶのは、お客さんの生活に対する理念、想いではないでしょうか。DLTもそうですが、ヨーロッパで、木造を積極的に選んでいくお客さんたちは、環境に対する意識が高く、よく勉強しています。そして、天然素材だけでつくる、ということをすごく大切にしている。そうすると、シュタイコみたいな木質繊維断熱材が好まれます。日本でも、こういうものを好む消費者はかなりいると思います。

ヨーロッパでは、断熱材の種類が豊富で、小さな製材所が自社のおがくずを利用して木質繊維断熱材をつくり、販売したり、あるいは自社の施工物件に使ったりしています。大規模な設備はないので少量生産でしょうが、全部使いきって製材所の利益の一部にしている。日本においても、製材所ではたくさんおがくずが出ています。木質繊維断熱材の製品化に取り組むところが出てきてほしいですね。

フクビ化学工業の「SILENT DROP」も気になりました。木造集合住宅の設計を頼まれたり、相談を受けたりすることがあります

が、木造の床で重量床衝撃音を遮断することは至難の技です。木造は軽量であるため、上階からの音、特に重量床衝撃音を遮断、低減することはすごく難しい。では何をやるかというと、木造の床にコンクリートを打ったりして重くしないといけない。DLTやCLTで床をつくり、その上にコンクリートや砂利を流したこともあります。しかし、それをやりすぎると重くなるので、地震力が増えて、木造は軽量であるというメリットが失われてしまう。軽い建物をつくっておいて、また重くするのもどうかなと思います。

「SILENT DROP」は、きっとRC床を対象に開発されたのでしょうが、この仕組みをDLT、CLTなどにも応用できれば、木造の世界はすごく助かります。

ウッドワンの「ピノアース足感フロア」も消費者の感性に訴えるものであり、面白いですね。お客さんは、製材したてのツルツルの状態でフローリングを持ち込むと、傷がつくことをすごく気にします。木材関係者は、木は本来、傷つき、劣化するものであることを当たり前と思っていますが、お客さんに理解してもらうことはなかなか難しい。日本の製品はきれいすぎるから、ちょっとでも傷があるとすごく気になる。工業製品みたいに平滑でツルツルであることが当たり前というところから、価値観を移していきたいですよね。キズがあっても使うことはできます。平滑でツルツルでないことが普通というように、自然素材特有の不均一性を許容することは大切です。さもなければ、木材なんて返品ばかり増え、製材も林業も弱ってしまう。この商品は、そうした

ことを狙ったものではないのかもしれません
が、少なくとも、鏡面のようにツルツル、ピカ
ピカという見た目の価値観から脱却している。
フローリングの表面を様々な形状に加工して
付加価値を高めている。自然な肌合い、不
均一性をテーマにしてもらえるということはす
ごくいいですね。

## 時代の大変化に挑み
## 住まいの本質を問う製品を

――「プレミアム住宅建材50」への総評
をいただけないでしょうか。社会、消費者
は、この先、どのような住宅、建材を必要
としているでしょうか。

　私自身の考え方として、どこにでもある日
常的な技術だけでもものをつくっていきたい、
今までつくったことがない新しい建物でも、求
められたことがない新しい性能であっても、日
常にある一般的な技術を駆使して、いろいろ
なものができていく、そういった自由度で誰も
が参加できるようなものづくり、そして先人た
ちが築いてきた経験が連続して生きていくよ
うなものづくりをやっていきたいと思っていま
す。そのため、特定の商品がなければ成立
しないような建物は、あまりやりたくない。特
定のアイテムに依存すると、自分たちでいろ
んなことを考えて、自分たちのできる範疇でも
のを開発していく能力が失われていくように
思っているので、正直に言えば、できるかぎ
り既製品、特に高性能なものから距離をおい
てきました。

　この「プレミアム住宅建材50」を見ると、
面白いものはたくさん載っているのですが、
従来からの課題に対する対症療法的なもの
が多く、啓蒙的で新しい価値観を開こうとす
るものは多くないように感じました。程度問題
としては進化し、徐々に高性能化してはいま
すが、逆にどんどん部分最適化しているよう
にも感じてしまう。ふと我に返り、人口減少
社会の一消費者、資源争奪が激しくなって
いる地球市民として読み返してみると、既に
始まっている時代の大変化に挑み、住まいづ
くりの本質を問うような製品は少ないですね。

　ヨーロッパで見かけた新しい塗料がある
のですが、これは板張りの外壁に塗る灰色
の塗料です。数か月もすれば外壁の板は自
然に灰色化するのですが、その頃には塗料
はすっかり雨で流れ落ちます。つまり、この
塗料の役割は、竣工時の建物の外壁を古び
た木材の色に合わせ、建物や街並みの色調
を安定させることにあります。木材の経年変
化は悪いことではなく、むしろ薬品で変色を
止め、防腐、防虫、耐久性を上げることは、
環境的ではなく、景観上も不自然なのだか
ら、より自然な状態で木材を使おうというコン
セプトです。

　日本が大量生産の時代から、次の生産社
会にどのように切り変わっていくのか、そうい
うところにすごくワクワクしています。耐久性、
強度、断熱性など、突出した性能が求めら
れていますが、必ずしもそういう工学的パフ
ォーマンスだけではない、新しい価値って何
だろうと、もう一度考えてみたいなという気が
しています。

アイプラスアイ設計事務所 代表取締役
法政大学 デザイン工学部 兼任講師

## 飯塚 豊 氏

### 飯塚氏が選出した5商品

| | |
|---|---|
| 日本合板工業組合連合会 | ネダノン |
| 旭ファイバーグラス | Aclear α (アクリア アルファ) |
| JSP | ミラフォームΛ |
| BXカネシン | プレセッターSU 片持ち梁金物 |
| 大建工業 | ダイケン健やかおもて |

# 高性能住宅の現場に配慮した建材の充実に期待
# 樹脂窓はもっとスリムに、カッコよく

──「プレミアム住宅建材50」のうち、特に注目する建材を挙げてください。また、それらの建材について、どういったところを面白いと思ったのかを教えてください。

アイプラスアイ設計事務所では、HEAT20のG2レベルを基本仕様として、高性能住宅を中心に設計業務を行っています。要は充填断熱で対応できるところまでは最低でもやるということです。120mm角の柱にグラスウール断熱材を充填し、ペアガラス、もしくはトリプルガラスの樹脂サッシ、屋根に240mm厚の

グラスウール断熱材を採用することで、G2レベルは軽くクリアできます。

地方の工務店に対して設計だけをするサポートも行っています。地方の案件では、工事費を少し多めに割けることが多く、付加断熱によりG3レベルの性能を目指すことも増えています。ドイツ・パッシブハウス研究所の基準に適合した認定パッシブハウスを手掛けることもあります。住宅の設計業務に携わる実務者の視点で建材を選びました。

一つは、日本合板工業組合連合会の「ネダノン」です。私が設計する建物は、基本

的に根太や筋交いを使用しません。昔ながらの根太大引の床組・筋交いは耐震性能、断熱気密性能が出しにくいからです。近年、構造用面材で気密を確保する「ボード気密」という考え方が一般的になってきています。外壁に構造用面材などを使用することで、筋交いの施工を省力化でき、気密を取りやすくなる。床下地にも構造用合板を施工すれば、床・壁の取り合い部の気流止め対策を省略できるほか、耐震性能を高めることができる。施工品質も安定します。

ボード気密では、構造用面材が必須になります。私はネダノンを中心とした針葉樹合板系の面材を使用することが多い。床や屋根の下地としても厚物合板は使いやすい。

ウッドショックの影響で一時非常に高くなりましたが、基本的には安価で、日本のどこでも手に入りやすい。特段指定しなくても、特類という耐水性能が高いものが入ってくるし、品質的にも安定していますから使いやすいですね。

充填断熱では、旭ファイバーグラスの「Aclear α（アクリア アルファ）」を挙げます。大工さんに聞くと、グラスウール断熱材の施工で、チクチクするのは嫌だと言います。その点、アクリアシリーズは施工時のチクチク感が低減されているので、大工さんにも支持されています。

アクリア αの性能値は、36K で熱伝導率 0.032W/（m・K）。超細繊維の採用により一般的なグラスウールの半分以下の細さで断熱性能を発揮する。まだこの商品を使った

ことはありませんが、試しに使ってみたいですね。

超細繊維により、寒冷地の省エネ基準を 105㎜厚でクリアする、とも書かれています。2025 年 4 月には、すべての住宅・建築物へ省エネ基準の適合が義務化され、2030 年までに省エネ基準を ZEH 水準に引き上げることが予定されています。工務店が手掛ける住宅の省エネ性能の底上げ、レベルアップに貢献する断熱材としても注目しました。

最近、設計者同士で話題になったのは、アクリアシリーズに 250㎜厚の高性能品がラインアップされたことです。屋根には、普段、このくらいの厚みのグラスウール断熱材を入れていますが、何枚も重ねることになる。どうやって支えるのかといったことが意外と難しく、1 枚で厚いものがあればいいのにと思っていました。製品化によりこうした問題が解消されそうです。

また、これはグラスウール断熱材全般に言えることですが、現場で幅を 1cm 切らなければいけないみたいなことがあり困ります。ユーザーの声を聞いて、製品の幅のラインアップをより充実させてほしいですね。

G3 くらいの性能を目指すには、付加断熱が必要になります。付加断熱では、JSP の「ミラフォームΛ」に注目しました。ボード系断熱材で、より性能値の高いものはありますが、ミラフォームΛは、コストパフォーマンスが抜群に優れています。今、新潟の工務店の依頼で設計している住宅は 70 坪ほどある、ちょっと大きな案件なので、大型パネルを採用しま

す。工場でミラフォームΛを付加断熱として取り付けて、透湿防水シートを貼り、樹脂サッシもつけてパネル化し、現場に搬入しクレーンで組み上げることで、1日で上棟が完了する予定です。

付加断熱と合わせて最近は、北方建築総合研究所が研究開発し、各工業会・メーカーにより、国土交通大臣認定を取得した「防火構造」の木外壁をよく採用しています。いわゆる北総研の防火仕様というものです。石膏ボード、充填断熱材、構造用面材、付加断熱などの組み合わせで、可燃材料である木材を外装材に使用し、30分防火構造の認定を取得できる。省令準耐火仕様でも使いやすい。15mm厚以上という制限はありますが、防火処理をしていない普通の木を外装材として使用できる。画期的なものです。付加断熱として、フェノールフォームに加えて、押出発泡ポリスチレンフォーム（XPS）、ビーズ法ポリスチレンフォーム（EPS）の3種類の断熱材を使用できます。

**——その他に、注目された、面白いと思った商品はありますか。**

BXカネシンの「プレセッターSU 片持ち梁金物」が気になりました。私が設計する住宅では、コスト面を考慮して、普段は集成材でなく、スギ、ベイマツ、ヒノキの無等級材を使用しています。しかし、片持ち梁や、部屋の中間に柱を建てるような場合、柱、梁の接合部分の断面欠損が大きくなるため、積

極的に金物を採用する、部分的に金物を使うということを普段からやっています。仕口加工の接合では計算上は成立しても、長い目で見れば梁が垂れやすくなる懸念があり、金物を使用した方がいいためです。

「プレセッターSU 片持ち梁金物」は、シンプルな構造でL字型バルコニーを実現でき、構造の制約を解消し、1階に大きな窓を取付けることもできる、軒天まで窓を高くできるので外観もよりスマートになる、と書かれています。これも試しに一度使ってみたいですね。

大建工業の「ダイケン健やかおもて」は、施主から畳を入れてくれという要求があれば、使用しています。ちょっとした小上がり空間などに、畳の柔らかい素材の方が、フローリングよりゴロゴロできるため、採用してほしいという要望があります。しかし、私は生々しいイ草の畳の色が苦手です。インテリアにイ草の黄緑が合わないのです。この「ダイケン健やかおもて」は色数のラインアップが多く、例えば、チークの床に合わせられる色もあります。色が変わらない点も意匠的に使いやすい。この本では、メンテナンス性の高さが強調されていますが、確かに、今まで何のトラブルもなく使っています。

**——高性能住宅の設計を手掛けられる中で、もっとこうした建材が欲しいという要望はありますか。**

高性能住宅をつくる上で樹脂窓は重要なアイテムですが、課題は多いですね。高い

性能は確保できますが、フレームが太くカッコ悪い。なぜかはわかりませんが、樹脂窓は、フレームの幅を広げて強度を高めようとする。フレームの幅で強度を確保しようとするからごつくなる。強度を確保しつつもっとスリムにできないか。この点を解消し、カッコいい樹脂窓が増えてくれば、劣化の問題もないようですし、住宅の一層の省エネ化が求められる中で、さらに樹脂窓の普及が進むのではないでしょうか。また、樹脂窓は、大開口にするほど強度を確保しにくく、特に大開口の引き違い窓などは、少しでもかしいだりすると入らなくなる。その点、エクセルシャノンの樹脂窓は、枠フレームがしっかりしているので、高性能住宅を手掛ける設計事務所や工務店などから定評があります。最近、そのエクセルシャノンから、引違い窓でUw値1を切る新商品が出ましたよね。枠フレームも結構細かった。これは使ってみたいと思っています。

## ローテク、ローコストなものが現場で求められている

——社会、消費者は、この先、どのような住宅、建材を必要としているでしょうか。

手間をかけずに、付加価値を高めた建材が求められていくのではないか、職人が不足していく中で、加工度が低く、ローテク、ローコストなものが現場では求められている、ということを感じています。

先日、三重県熊野の野地木材工業という材木屋、製材所に建築家が集まり、これからの時代はどのような木材製品が必要とされているのか、売れるのか、といったことを議論してきました。熊野では、いい木材はとれるのですが地域に流通業者が少なく、高付加価値の商品を生産、販売していかないと、林業、製材業が衰退していくという危機感があります。そこで、野地木材工業さんでは、建築家とタイアップして、ノコ目の入った天井材や、分厚い30㎜のスギのフローリングなど、付加価値を高めた商品をつくり売っています。議論した結果、「あまり加工度が高いものは、設計した人の色が出てしまうので逆に使いにくい」ということになりました。野地木材工業さんの商品の中に、長さ方向と厚さ方向は一枚物の木材を利用し、幅方向のみを接着したスギの「幅はぎパネル」があります。フローリングの端材などからつくるもので、造作家具などに応用できます。集成材に比べ使用する接着剤の量はごくわずかであり、接合部が少ないので自然な質感になる。このくらいの加工度の商品の方が使いやすい、売りやすいのではないか、という結論に至りました。

先ほど、付加断熱とセットで実現する、北総研の「防火構造」の木外壁をよく使用しているという話をしましたが、加工度が低く、ローテク、ローコストな商品として、木外壁の提案、選択肢も今後充実してきてほしいですね。

芝浦工業大学 建築学部長 教授

## 秋元 孝之 氏

### 秋元教授が選出した5商品

| | |
|---|---|
| YKK AP | FRAMEⅡ |
| 旭ファイバーグラス | 建築用真空断熱材 |
| キマド/(一社)木創研 | 木製クワトロサッシ |
| LIXIL | リプラス 高断熱汎用枠 |
| ニチハ | Fu-ge(フュージェ)プレミアム |

# 脱炭素、省エネ改修の建材に注目
# コストダウンを見据え汎用性のある技術開発に期待

——「プレミアム住宅建材50」で取り上げた建材のうち、特に注目された建材は何ですか。注目したポイントもあわせて教えてください。

全体を通じて興味を引いたのは、カーボンニュートラルや省エネなど地球環境負荷低減に関する商品です。さらに、新築だけではなくストックの省エネ改修に役立つ建材という視点から注目する商品が多くありました。

まず、YKK APの「FRAMEⅡ」に、耐震性と断熱性という2つの性能を向上させ

る建材という点から注目しました。

今、改修に対する国の補助金が手厚くなり、2023年度も多くの事業が実施されます。ただ、省エネ改修については、これまでなかなか進んでこなかったのが現実です。一般的に内装や設備機器の改修、また、躯体の改修は注目されますが、断熱改修はなかなか広がってこなかった。耐震性が不十分な住宅ストックが多く存在しますが、これらの住宅は断熱性、省エネ性も劣っています。

この商品は木質耐震フレームと高断熱窓を組み合わせたもので、住宅を地震災害か

ら守るための耐震性能を高めるリフォームを行うと、同時に断熱性能も高まる。一階の改修で両方の性能を高めることができる、ストック住宅の課題を解決できるというところが優れていると思いました。

もう一つ、省エネ性の向上という点から旭ファイバーグラスの「建築用真空断熱材」も注目です。「プレミアム住宅建材50」のなかに断熱材はいくつも取り上げられていますが、なかでも熱伝導率が0.004W/（m・K）とずば抜けて高いのが真空断熱材です。

2025年から住宅に省エネ基準への適合が義務化となります。住宅性能表示制度に等級6、7という上位等級も制定されました。もちろん他の断熱材も大変優れていると思いますが、住宅の高断熱化が大きな注目を集めるなか、断熱性能が非常に高く、その性能が長期にわたり低下しない建材であることに着目しました。特に、厚さ16mmととても薄い断熱材で空間をあまり阻害せずに断熱性能を上げることができます。新築でも既存住宅の改修でも、空間にはみ出すことなく、つまり壁厚が増えることなく性能をアップできるという点を高く評価しました。真空であるがための制限などはあると思いますが、大変便利に使える、高い性能を持つ断熱材であると思います。

一方、住宅の断熱性を高めるうえで重要な部位が開口部ですが、窓についてはキマドと（一社）木創研の「木製クワトロサッシ」です。熱伝導率が低い木を使い4枚ガラスとすることで、熱貫流率0.51W/㎡・Kを実現しています。世界最高水準の断熱性能を持ち、アルミサッシLow-E複層ガラスを使用した場合よりも冷暖房費を北海道エリアで4分の1、関東・九州エリアでも2割抑えます。遮炎や遮音、水密や耐風圧なとの性能にも優れていると、断熱性だけではなく窓としての性能も高い。

さらにデザイン面も重要です。ZEH・ZEBの実現に際し、あまり無機質な窓・サッシではなく、木質で大開口にすることができる点を評価しました。

開口部関連では、LIXILの「リプラス 高断熱汎用枠」も改修に特化したサッシという点で注目です。

トリプルガラスのハイブリッド取替窓で、簡単な施工で新しい窓を取り付け高い断熱性能を実現することができます。改修に特化した商品でありながらフレームがスリムでデザイン性にも優れている。加えて、既存のサッシ枠を生かしつつレールの上から取り付けるという簡単施工で、半日でできるとういう施工性の高さも魅力です。しっかり熱橋をつくらな

21

い工夫もあります。汎用性が高いということも含めて、改修に適した建材であることを評価しました。

もう一つは、資源循環という視点から、木材製材時の端材などを使用するニチハの「Fu-ge（フュージェ）プレミアム」を選びました。森林の資源循環を意図されていて、カーボンニュートラルの実現に向けて、こうした炭素固定の観点から森林を循環させながら建材として活用していくことが重要になっています。

まさに時宜を得た建材なのではないでしょうか。住宅一棟で$CO_2$を約800kg固定するなどの記載がありますが、環境貢献の見える化という点も評価しました。

## 身近な商品だからこそ
## 美観、質感も大切に

——脱炭素とリフォームという2つの切り口から選んでいただきましたが、商品ごとに施工性やデザインなどの評価ポイントも重要視されています。

カーボンニュートラルの実現とストック対策を建材に求められる大きなポイントの一つと考えています。ただ、脱炭素に貢献する商品であっても、住まい手にとって身近な材料ですから、当然、高い美観、質感が求められます。さらにリフォームを想定すると施工が簡単でなければなりません。職人不足が深刻化していますが、多能工が対応できるような、専門職でなくとも責任をもって施工管理できるような建材が求められていると思います。

「プレミアム住宅建材50」にも全体的にそうした製品が多かったように思います。省エネ性など環境性能を高めるために他の部分を犠牲にしない、そうした優れた建材をピックアップされたのだと考えています。

——これからの建材に求められる要素としては、他にどのようなことが考えられますか。

汎用的な技術の開発に期待しています。一社でしかできないようなものではなく、他社が真似できるような、利用できるような技術や仕組みです。標準的な仕様、開発された高い技術が世の中一般に普及するような、そういう建材があってほしいと思います。

これは大量生産により是非、コストを下げていただきたいということの裏返しです。企業努力でコストダウンを図っていただくことはもちろんのこと、業界全体でよいものを取り入

れ、品質を確保しながらもコストダウンにつながるような技術開発をしていただきたいと思います。

今、ペアガラスは住宅で当たり前に使われています。選ばれた50商品のなかの技術が、将来的には標準仕様になっていくことが望ましいのではないでしょうか。

また、改修した後の寿命というか、できるだけ何度も改修を繰り返さなくてよいような技術も必要だと考えています。具体的には耐候性など耐用年数を伸ばすような技術開発にも期待しています。

これからの建材開発については色々なことが考えられますが、やはり施工性の向上とコスト低減の二つが大きい要素ではないでしょうか。これらの視点を踏まえ、さらに、優れた建材開発を進めていただきたいと思います。

## 住まい手を幸せにする建材
## ウェルネスにつながる心地よさを

——脱炭素やストックといった視点以外で、気になった建材の切り口、注目されている建材の開発動向のようなものはありますか。

「プレミアム住宅建材50」には取り上げられていませんが、今、BIPV（建材一体型太陽光発電）の開発が進んでいます。例えば、ペロブスカイト太陽電池のように、これまでのように架台に取り付けるのではなく、屋根や壁などの建材と一体化した太陽光発電です。屋根だけではなくさまざまな場所に設置が可能であり、防水性や断熱性などさまざまな付加的な機能も併せ持っています。カーボンニュートラルの実現に向けて、こうした商品がこれからどんどん登場し、近い将来、新築のみならずリフォームにも採用されていくことになるのではないでしょうか。

もう一つ、今回選ばなかったのですが、実はウッドワンの「ピノアース足感フロア」も気にいっている商品の一つです。環境負荷低減やストック対策といったテーマに沿うわけではありませんが、住まい手に直接訴えるという点で興味深いですね。うづくりなど昔からある仕上げ、本格的な床デザインを新築でも改修でも実現することができます。

このように住宅の物理的な性能だけではなく、心地よさを実現する内装材、住まい手を幸せにするという建材というのもあるといいですね。生活のなかで住まい手が喜ぶデザイン、それはウェルネスにもつながると思います。こうした感性価値が高い商品開発も重要な要素の一つだと思います。

**有識者に聞く**
## 特に注目した建材は?
深掘りインタビュー‼

u.company 代表取締役
(一社)リノベーション協議会 会長

# 内山 博文 氏

### 内山氏が選出した5商品

| | |
|---|---|
| 長谷川萬治商店 | DLT |
| YKK AP | FRAMEⅡ |
| アキレス | ジーワンボード(Z1ボード) |
| LIXIL | リプラス 高断熱汎用枠 |
| 早川ゴム | IB-HDF-CLT工法 |

# 本来の機能に加え＋αの機能、利点はあるか
# 職人不足の中、簡易性、使いやすさが重要に

──「プレミアム住宅建材50」のうち、特に注目する建材を挙げてください。また、どういったところを面白いと思ったのかを教えてください。

　私自身がリフォーム、リノベーションを行う会社の担当者であれば、どのような建材が欲しいか、現場ではどのような建材が求められているか、という目線で建材を選択しました。その建材が、本来求められる機能を備えていることは当たり前のことで、その建材を使用することで、どのような＋αの機能を得ら

れるのか、メリットがあるのかというところを見ました。メーカー間での性能競争はあると思いますが、技術開発が進み、性能面での差は微小なものになってきていると思います。どのくらいの断熱性能、耐震性能などを持つのか、絶対値がどうかということはあまり評価していません。リノベの場合、新築以上に、現場の状態、工期や予算面などで厳しい条件で工事を進めなければいけないことが多くあります。現場に対するさまざまな配慮がないと、本当の意味で選ばれるものにはなりません。特に現場の職人がこれだけ減ってい

24

く中で、簡易に施工できること、使いやすさが重要であるとリノベの現場に携わり感じています。建材そのものが持っている機能に加えて、3つくらいの+aの利点があるということが求められています。

まず面白いと思ったのは、長谷川萬治商店の「DLT」です。ぱっと見て意匠性が面白い。木のにおいがしてきそうです。床、天井、壁などに使用でき、はめ込んでいくだけで施工もしやすそうです。吸音材や断熱材を組み合わせて機能を付加していくことができる点もいいですね。

山側、林業事業者などに還る利益率を高めるためには、どれだけ木材を無駄なく使うかが重要になります。歩留まりを高めることにより森林の管理、雇用の確保など、さまざまなところにもプラスの効果が期待できる。この商品は、曲がりや丸みがあるような使いづらい木材、捨ててしまっているような木材もうまく活用することができる。木をうまく活用する視点を取り入れ商品化している。社会貢献的な意味も大きいと思います。

YKK AP の「FRAME II」は、リノベの現場で実際に使ったことがある商品です。+aの機能を持つ商品であることにも合致します。木造の戸建住宅は壁が多く、リノベで、この壁を抜きたいけれど、構造上、抜けないということがよくあります。外壁でいえば、窓を追加で設置したいが、構造上、窓を設置できないということは多い。そこに、このFRAME II を用いることで、開口を確保したいところにしっかり、窓をつけることができる。高性能窓を設置することで、耐震性能に加え、断熱性能を向上させることもできます。室

内の内壁についても、筋かいで耐力壁としている、構造上壊せない、動かすことができない壁は多くあります。そうした箇所にも、FRAME II のフレームだけを用いることで、壁をなくして、通れるようにすることができる。汎用性もあり使いやすい。施工性も含めていい商品です。

断熱材の中では、アキレスの「ジーワンボード（Z1ボード）」が気になりました。熱伝導率 0.018W／（m・K）という業界最高水準の断熱性能を備えている。また、外壁にも、内壁にも使用することができる。この薄さで、この性能が担保されているのであれば、リフォーム、リノベにも使いやすそうです。断熱材の厚みは、さまざまなところに影響を及ぼします。サッシなどとの取り合いもあり薄いに越したことはない。施工手間はコストに跳ね上がってくるので、透湿・防水シートを施工する必要がないこともありがたい。施工手間の低減は重要な要素の一つです。試しに1回、リノベの現場で使ってみたいですね。

住宅の中で熱が最も逃げていくのが窓です。省エネにおいても窓が一番重要になります。その意味で、窓の中から一つは挙げたい。この本の中からは、LIXIL の「リプラス高断熱汎用枠」を選びました。短工期の施工で、トリプルガラスの高性能ハイブリッド窓に取り替えることができる。省エネ性、快適性の向上だけでなく、健康面でも、血圧上昇の抑制、睡眠の改善など、さまざまなメリットが期待できます。最大200万円の補助が受けられる「先進的窓リノベ事業」により、窓改修に注目が集まっています。この商品の注目度も高まっていくのではないでしょうか。

早川ゴムの「IB-HDF-CLT 工法」も気になりました。私は、耐震構法 SE 構法を全国の工務店へ提供するエヌ・シー・エヌの社外取締役も務めています。脱炭素、SDGsといった観点から、循環型資源であり、炭素貯蔵効果が期待できる木材を建築物に積極的に活用していこうとする動きが広がっており、エヌ・シー・エヌでは中大規模木造の分野の開拓にも注力しています。新たな木質材料であるCLTをどのように生かしていくかということにも関心を持っていますが、「IB-HDF-CLT 工法」は、一つの方向性を示していて面白いと思いました。大判の CLT ならではの特徴を生かしてフラットな屋根を実現できる。こんなことができるのかと驚きました。止水板と組み合わせて、雨水の流れも含めて考えられていることも信頼できますね。

## 戸建の性能向上リノベ普及へ
## トータルのスキルアップが必要

——性能向上リノベの推進に向けてどのような取り組みを行っているのでしょうか。市場は今後どのように変化し、そこで求められる建材とはどのようなものでしょうか。

近年、性能向上リノベ普及に向けた国の制度設計が整備されつつあります。リフォーム、リノベも含めて、性能のいい住宅に対して、税制優遇や補助事業などによりしっかりメリットをつけていこうという動きが加速しています。

一方、地球温暖化、脱炭素などを背景に、一層の住宅の省エネ対策が求められ、さらに、世界的なエネルギー危機により、光熱費は高騰し続けており、エンドユーザーのコストへの課題意識は高まっています。ここ1年ほど、地価、住宅価格が高騰する中で、注文住宅の販売が落ち込んでいます。建築費も高騰する中で、リフォーム、リノベのメリットは大きくなってきている。2023 年は性能向上リノベ元年の年になると感じています。

私は、性能向上リノベーションの普及に向け枠組みづくりを推進しています。2021 年10 月に YKK AP がスタートした「性能向上リノベの会」にも携わり、全国の工務店と協働し戸建住宅の性能向上リノベーションの普及を目指すプラットフォームの仕組みづくりをサポートしています。

中古の戸建住宅は、1棟1棟状態が異なります。ユーザーの予算も限られる中で、性能そのものを向上させるとなると、新築以上にさまざまな知識、ノウハウを持つ必要があります。検査を含めしっかりとした業務、施工フローをつくる、コミュニケーションスキルを磨く、また、ファイナンスの知識を持つことも重要です。性能向上リノベに対する税制優遇、補助事業も充実してきており、どのようにリノベを行うかによって得られるユーザーメリットは大きく異なります。トータルでスキルアップしていかなければ、戸建住宅の性能向上リノベの市場は広がっていかない。「性能向上リノベの会」では、トータルなスキルアップに向けた仕組みをつくり、工務店を支援しています。スタートから1年半で会員数は300社を超えています。

「性能向上リノベの会」において、まず取り組んだのは、性能向上による成果、効果

内山 博文 氏

を可視化できる仕組みづくりです。耐震性能、断熱性能において、性能向上リノベの会の基準を定め、それぞれ、リノベ後の性能に応じて、ブロンズ、シルバー、ゴールドで評価する仕組みをつくりました。工務店は、自社の性能向上リノベの取り組みへの評価をプロモーションとして活用できる。ユーザーは、工務店の良し悪しを判断する材料になります。また、性能向上リノベの会では、「性能向上リノベ デザインアワード 2022」を実施し、2023 年 3 月に表彰結果を発表しました。YKK AP の建材を使用しているといった制限や、また、「性能向上リノベの会」の会員であるという条件も設けず、広く戸建住宅の性能向上リノベの事例を募集し、応募総数 115 作品の中から優れた作品を選定しました。まずはエンドユーザーに「リノベでこんなレベルまで性能を上げることができるんだ」と知ってもらうことが目的です。

しかし、エンドユーザーの認識以上に、本当に変えなければいけないのは、業界のあり方、業界の中で知見がなさすぎることだと感じています。先ほど話した通り、性能向上リノベに対して追い風が吹いています。近年は、2000 万円クラスの戸建住宅の性能向上リノベの事例が顕著に増えています。しっかりエンドユーザーにリノベの価値、意義を説明すると、新築での建て替えよりも、コスト面も含めて総合的に判断して「リノベがいいよね」と判断する人が増えている。リノベでしかできないこと、面白さに気づかれる人が増えていると感じています。

性能の劣る新築住宅を建てても、今の日本では 20 年で資産価値がゼロになってしま

う。一方で、中古住宅にしっかりコストをかけ、性能向上リノベを行うことで資産価値を維持でき、30 年、40 年、50 年と使い続けることができる。他と区別できない新築住宅は、将来売ろうとしても、選ばれず、買い手がつかない懸念が高いですが、性能向上リノベで資産価値を維持していくことで、将来家を売ろうとしたときも選ばれ、買い手がつく可能性が高い。将来にわたり、住み継ぎ、受け継いでいくことも可能になります。若い人たちを中心に、新しいことだけがすべてではない、住み継ぐ、受け継ぐ、といったことに価値を見出す人が増えていることも今後の市場が楽しみだなと思う理由の一つです。

しかし、業界として対応できる事業者が少なく、まだまだ対応が追いついていないことが大きな問題です。「どこに行けば対応してくれる事業者がいるのかわからない」というのが実態なのです。新築への建て替え以上の、リノベすることの価値、意義をしっかり説明できる工務店を増やしていくことが市場拡大に向け重要であると考えています。

性能向上リノベの普及に向けては、性能向上リノベに適した建材をさらに充実させていくことも必要です。「性能向上リノベの会」の取り組みなどを通じて、工務店の悩みなどを聞く機会が増えました。特に中小工務店などの事業者に対して、どのように配慮して新しい仕組みをつくっていけるかが問われています。繰り返しになりますが、そうした性能向上リノベに取り組む工務店などに選ばれる建材に求められる条件とは、現場が直面する、さまざまな問題に配慮し、+$a$の機能、メリットを持たせることだと思います。

# ニッサンクリーンAZN処理木材

木造建築をシロアリや腐朽菌からまもる
業界で唯一の乾式保存処理木材

**構造材**

── プレミアムポイント ──

 **兼松サステック株式会社**

☎04-7178-8515
http://www.ksustech.co.jp/

　兼松サステックのニッサンクリーンAZN処理木材は、業界で唯一の乾式保存処理木材だ。

　処理装置内に木材を入れて、減圧・加圧処理を行い、有機溶剤に溶かした薬剤を注入するというもので、処理装置内で溶媒を揮発させることで木材内部に薬剤のみを留めることができる。

　水を使用していないため再乾燥は不要で、木材の寸法や形状が変化する心配もなく、納品から施工までの時間も短縮できる。エンジニアリングウッドなど、ほとんどの木質材料に対応する点も特徴のひとつ。

　同社では、茨城工場（茨城県常総市）において、2021年4月から防蟻処理を施したCLTや構造用集成材などの9品目で日本住宅・木材技術センターの優良木質建材等認証（AQ認証）を取得。CLTの加圧注入保存処理材のAQ認証取得は国内初である。

## 記者の目

　ニッサンクリーンAZN処理木材は、木材の内部まで均一に薬剤を浸透させることができる加圧注入処理でありながら、再乾燥を必要としない乾式処理を施したものだ。木材の防蟻処理については、地面に近い部分に使用する木材に行うことが一般的であったが、この常識が変わりつつある。アメリカカンザイシロアリという建物2階部分などに飛来し、蟻害をもたらすシロアリが登場したことで、構造躯体に使用する木材全体に防腐・防蟻対策を施すことが求められつつある。兼松サステックの乾式の木材処理技術はエンジニアリングウッドなどにも利用できるため、アメリカンザイシロアリ対策としても威力を発揮する。加えて、CLTなどにも利用でき、今後、活躍の場を広げることになりそうだ。

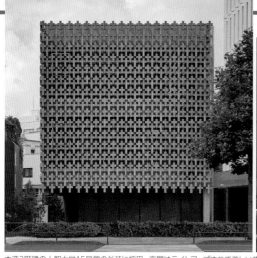

木造3階建の上智大学15号館の外装に採用。夜間はライトアップされて美しい模様が浮き出る

 ## 木材内部まで薬剤を浸透
## より確実な防腐・防蟻効果を付与

木材処理の方法は、表面処理と加圧注入処理という2つに大別される。表面処理は手間やコストが少ないというメリットがある一方で、「薬剤の塗りむらが生じ、均一な効果が期待できない」、「割れなどが起きると、薬剤を塗っていない部分が露出してしまう」といったデメリットがある。

ニッサンクリーンAZN処理木材で採用している加圧注入処理は、「薬剤を木材内部にまで浸透させ、むらなく薬剤注入できる」、「木材に浸透する薬剤の量が多いため、割れなどが起きても効果が持続する」といったメリットを備えており、より確実に木材の防腐・防蟻効果を発現させることができる。高い効果が認められ、国立競技場のトラックの屋根の木材にも、乾式処理が採用された。

写真提供:大成建設株式会社

## 独自の乾式処理を開発
## 幅広い木材材料に利用可能

ニッサンクリーンAZN処理木材は独自に開発した「乾式処理」を採用している。水を一切使用しないため、寸法変化がほとんど起きず、接着剤への影響も少なく、エンジニアリングウッドにも安心して処理できる。兼松サステックでは、エンジニアリングウッドにそのまま加圧注入でき、優れた寸法安定性を確保できるという乾式処理の強みを生かし、土台だけでなく柱、梁、耐力面材などの構造材、野地合板など、住宅で使用するあらゆる木材にも乾式処理を施す提案を強化している。

茨城工場(茨城県常総市)の工場では、最大2.2×9mまで対応できる大型の処理缶を導入

# 延樹・ブランチ

構造材

## シンプル構造で安定した性能を発揮
## 制振システムの普及を促す

プレミアムポイント

**株式会社住宅構造研究所**

☎048-999-1555
https://www.homelabo.co.jp/

制振システムを広く世の中に普及させ、大地震の被害を抑えたい――。こうした想いから開発したのが鋼製ダンパー制振壁「延樹・ブランチ」だ。

同社では、ダンパー制振壁「ガーディアンシリーズ」「延樹シリーズ」等の開発・販売を行っている。その中でも特に、制振システムをより広く世の中に広めたいとの想いで、東京工業大学の笠井和彦特任教授・坂田弘安教授と延樹・ブランチを共同研究開発した。シンプルな構造とすることで安定した性能を発揮しながらもコストを抑えた普及型商品として提案している。

一般的な耐震壁は繰り返し襲ってくる地震に対しては強くない。対して「延樹・ブランチ」は繰り返しの揺れに耐える鋼製ダンパーであり、壊れずに揺れを吸収するため、度重なる余震にも耐え続ける。

国土交通大臣による壁倍率5.0の認定を取得。一般的な構造用合板耐力壁（壁倍率2.5）や筋かい耐力壁（壁倍率4.0）よりも高い強度を誇っている。

## 記者の目

コストの問題などから、制振システムの採用に二の足を踏んでしまう住宅事業者は少なくないだろう。住宅構造研究所は延樹・ブランチによって、こうした状況を変えようとしている。価格を抑えるために、できるだけシンプルな構造とすることで製造・組み立て作業を簡単にした。また、材料についても品質を担保しながら一般に流通しているもので製造できるようにし、コストの抑制に取り組んだ。結果、国土交通大臣による壁倍率5.0の認定を取得しながらも、同社の「ガーディアン・フォース／オレンジ3」と比較すると、3分の2の価格を実現している。制振システムの普及をけん引するという点でも、重要な役割を担っている。

## シンプルな構造で振動の吸収を最大化
## 鋼材が変形し振動を抑える

延樹・ブランチは、地震の振動が何層にも連なる高強度の鋼製ダンパー部へと集まり、その鋼材が上下に変形することで、振動を吸収する。加えて、振動の吸収を最大限に発揮するように強固な構造にしている点がポイントだ。太さ6mmのピスを脚部と鋼製ダンパー接合部のそれぞれに10〜20箇所施工。そのうえで、L字金具で接合部の強化を図っている。

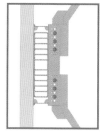
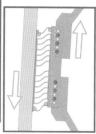

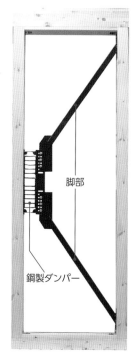

脚部

鋼製ダンパー

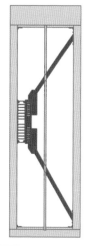
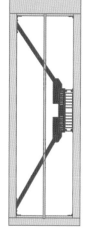

## 耐震等級3の住宅と比較して
## 揺れを4分の1にまで軽減

建築基準法想定大地震の1.5倍の揺れを与える実証実験を行ったところ、耐震等級3の耐震住宅に比べて、延樹・ブランチを設置した耐震等級3の制振住宅の揺れは4分の1となった。こうした高い制振性能を実現できている大きな理由のひとつは、企業レベルでは珍しい自社実験棟を保有しているため。日々、何度も実験を行いながら、修正を加え改良を図っている。

## 軽量かつ省施工
## 職人1人30分で施工可能

施工方法は、鋼製ダンパーと2本の脚部を合わせるだけ。また、鋼製ダンパー部は7kg、それを支える脚部は上下でそれぞれ5kgずつと軽量であるため、職人1人でも30分ほどで施工が可能。加えて、施工方法はビスを打ってボルトを締めるだけなので、簡単に施工できる。脚部分にL字金物を設置し接合部の強化を図っているため、本体の設置向きについても左・右どちらにも対応。スイッチボックスなどの電材設備も「延樹・ブランチ」と干渉せずに施工できる。

# フロッキン狭小壁

## 柱芯350㎜巾で壁倍率7倍相当
## 狭小住宅でも大開口を実現

**構造材**

プレミアムポイント

**株式会社ダイドーハント／株式会社栗山百造**

☎06-6190-8700　https://daidohant.com/（ダイドーハント）
☎0256-32-0371　https://www.hyakuzo.co.jp（栗山百造）

ダイドーハント（大阪府吹田市）と栗山百造（新潟県三条市）が製造、販売する「フロッキン狭小壁」は、柱頭金物、柱脚金物、アンカーボルト、面材、専用のドリフトピン、ビスなどで構成する在来軸組工法対応の狭小耐力壁だ。柱頭と柱脚に専用の粘り強い金物を使い、ビスの配置などを工夫することで、柱芯350㎜巾で壁倍率7倍相当を確保した。狭小住宅で玄関正面にビルトインガレージを設置する、あるいは一般的な耐力壁から狭小耐力壁に置きかえることで、より開放的な空間を創出できる。

また、「中柱型」、「隅柱型」、「隅柱型直交梁勝ち又は通し柱」など、様々なパターンの納まりで試験を行い、強度データを確保しており、確認申請もスムーズに行える。設計マニュアルも用意し、難しい構造検討をする必要がなく一般的な構造計算ソフトで入力できる。

**記者の目**

近年、「狭小地の住宅でも設計プランの自由度を高めたい」、「非住宅木造で付加価値を高めた提案をしたい」といったニーズが増加しており、差別化戦略を図る住宅事業者の間で狭小耐力壁の需要が高まってきている。

「フロッキン狭小壁」は、シンプルな材料の構成で、施工が簡単であること、また、様々な納まりへ対応し一般的な構造計算ソフトで入力できることなど、使い勝手の良さから高い支持を集めている。ウッドショックにより、外材が手に入りにくくなったことを受けて2022年9月には国産スギを使用した新仕様を追加し木材の適応範囲を拡大、進化を続ける。

差別化を進める住宅事業者の強力な武器として今後も注目を集めそうだ。

## コンパクトサイズと高耐力を両立
既存の壁と置き換えで開放空間を実現

「フロッキン狭小壁」は、柱芯350mm巾とコンパクトサイズながら、壁倍率7倍相当の耐力を確保できる。一般的な耐力壁と置き換えることで狭小住宅でも開放的な空間を創出できるほか、通常は耐力壁にならない雑壁と置き換えることも可能だ。追加の壁耐力を確保できるため、設計段階で壁量が足りない場合などでも当初のプランを大きく変更せずに構造設計ができ、耐震等級3の取得などにも役立つ。

 ## 2、3階用セットを追加
耐震シミュレーションソフトにも対応

ユーザーの声に応えて進化を続ける。従来、1階用セットのみだったラインアップに、2021年4月、「2階、3階用セット」を発売。壁倍率5倍相当を確保した。2、3階でも開口部を大きく確保し、間取り、外観デザインを工夫可能。意匠系の設計事務所から問い合わせが増えている。また、(一社)耐震性能見える化協会の「wallstat認証」も取得。木造住宅の耐震シミュレーションソフトである「wallstat」に「フロッキン狭小壁」を組み込み、シミュレーションができ、その効果を見える化できる。

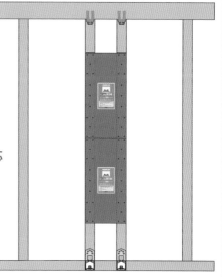

「フロッキン狭小壁」は高壁倍率とコンパクトサイズを両立する

 ## 非住宅木造建築への採用でも壁量を確保
開放的かつ広い空間設計を実現

脱炭素化社会に向けた流れにおいて、建築物の木造化が広がる傾向にあるなかで、同社も非住宅木造建築向けの提案を強化している。木造で大型物件を建築する際、コストは抑えられるが、柱や耐力壁が増加するなど構造上の制約が生じるため、大空間や大開口の確保が困難になる。そこで、フロッキン狭小壁を利用することで、不足する壁量を補うことができ、採光のために開口部を大きく確保した開放的かつ広い空間設計を実現できる。

 ## 国産スギの新仕様を追加
製品選択の幅が拡大

従来仕様では、柱や梁に外材を使用していたが、ウッドショックにより、値段が急騰、指定した材料が確保しにくい状態も続いた。そこで国産材を用いた仕様の開発に着手。2022年9月に国産スギを使用した無垢材仕様と集成材仕様を追加し、国産材活用を積極的に進める事業者への対応力を高めた。

「フロッキン狭小壁」が採用された非住宅木造建築。壁量を確保しながら、開放的で広い空間を実現した

# 新・つくば耐力壁

幅455mmで使用可能な筋かい耐力壁
適応木材を拡大し、国産材に対応

**構造材**

## 株式会社タナカ／株式会社つくば創研

☎029-830-6116
https://www.tanakanet.jp/

　筋かい耐力壁「新・つくば耐力壁」は、従前の「つくば耐力壁455」を2021年6月にバージョンアップした。狭小耐力壁で高耐力を確保できるのが大きな特長で、900mmモジュールに対応しやすい450mm、455mm、500mmの3サイズをラインアップ。455mm幅で壁倍率5.0倍相当の耐力を確保した。効果的に配置することで設計の自由度を高めることができる。建築基準法で定める許容応力度計算による構造計算を行うことにより採用できる。面材として構造用合板、MDF、パーティクルボードなどを組み合わせることも可能で、壁倍率を最大6.91倍相当まで高めることができる。

　専用の金物や加工が不要であるなど、施工性の高さも特長の一つで、筋かいを取り付けるような感覚で施工が可能だ。

　加えて2021年11月に、（一財）日本建築センターの評定を再取得し、国産スギ集成材など適応木材を拡大、さらに使い勝手が向上した。

## 記者の目

「新・つくば耐力壁」の採用が拡大している。2021年11月に（一財）日本建築センターの評定を再取得し、国産スギ集成材など適応木材の幅を広げたことで大手ビルダーからの採用が増加。発売当初は主に都市部の狭小地の3階建住宅への採用を想定していたが、平屋や2階建、共同住宅などへの採用も全国で広がっており、その割合が半数を占めるなど大きく伸長している。

また、近年、住宅の高性能化が急速に進む一方で、太陽光パネルの搭載、複層ガラスの採用などにより建物の重量化も進んでおり、必要な壁量の増加が求められている。雑壁を「新・つくば耐力壁」に置き換えることで壁量の追加確保ができるため、今後もますます需要は拡大していきそうだ。

## 455mmの狭小幅で高耐力を確保
## 面材併用で性能向上も可能

柱芯々455mmの壁で壁倍率5.0相当を確保できる。また、構造用合板やパーティクルボード、MDFなどの面材を組み合わせることでこの倍率をさらに高めることもできる。例えば、厚さ9mmの構造用合板を組み合わせる場合には、柱芯々455mmの壁で壁高さ別に壁倍率5.83倍〜6.91倍相当耐力を発揮する。

## 加工済みセットを納品
## 優れた施工性の高さを発揮

施工性の高さもポイントのひとつだ。筋かい、中桟、筋かい金物、中桟金物というシンプルな部材で構成する木材加工済みセットとして納品。専用の柱脚金物や現場での加工が不要であり、ごみの発生も抑制するため、高いコストパフォーマンスを実現しつつ、従来の筋かいを取り付けるような感覚で施工が可能だ。一般的な住宅用基礎工事に対応しており、上棟後の後付けもできる。

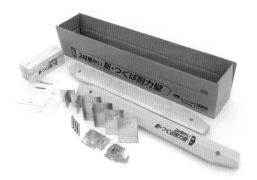

シンプルな部材で構成することで施工性、コストパフォーマンスを格段に高めた

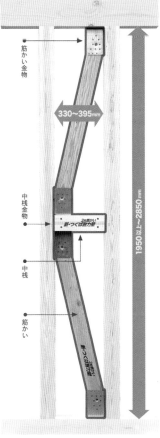

「新・つくば耐力壁」の設置イメージ。雑壁と置き換えることで設計自由度を向上できる

（図中ラベル）筋かい金物／330〜395mm／中桟金物／中桟／筋かい／1950以上〜2850mm／2段筋かい 新・つくば耐力壁

## 使い勝手がさらに向上
## 低層住宅へなどの採用が広がる

雑壁と置き換えるなど、効果的に配置することで設計の自由度を高めることができる。（一財）日本建築センターの評定を再取得したことで適応木材を拡大し、使い勝手がさらに向上した。これにより、大手ビルダーによる採用が増加、発売当初に見込んでいた狭小地の3階建のほか、平屋や2階建といった低層住宅や共同住宅などへの採用が全国で広がっており、出荷数は2022年4月に設定した目標を上回って推移している。

国産スギ集成材など適応木材を拡大し、使い勝手がさらに向上した

# ハイブリッド・ビーム

国産スギの横架材としての使用を可能に
森林資源の有効活用を促す構造材

**構造材**

| プレミアムポイント |

 **中国木材株式会社**

☎0120-707-141
http://www.chugokumokuzai.co.jp/

国産材比率を高めていくうえでのボトルネックとなっているのが、梁材などの横架材だと言われている。柱に使用する場合は問題ないが、横架材に国産のスギ材を使用する場合、ヤング係数が不足していると見なされてしまうためだ。

梁せいが高いスギを使えば十分な強度を確保できるが、梁せいが高くなる分だけ天井高が低くなったり、梁の部分だけ天井面に凹凸ができてしまう。

こうした問題を解消する材料が中国木材のハイブリッド・ビーム。最も応力負担が大きい外層部に強くてたわみ難いベイマツを使用し、応力負担が小さい内層部に軽くてねばり強い国産スギを使用したJAS認定の構造用異樹種集成材だ。同社では国産のスギ材を普及させるためには、柱だけでなく梁での使用を可能にする必要があると考え、山佐木材とともに1999年に開発に着手し、2002年にJAS認定を取得。2004年から本格販売をスタートし、累計140万㎥を販売している。

## 記者の目

林野庁の調べによると、2000年に18.8%にまで落ち込んだ木材の自給率は、2021年に41.1%にまで回復している。しかし、柱材などの国産材化が進む一方で、横架材については9割近くが輸入の集成材という調査結果もある。こうした課題にいち早く着目し、解決のための方策を提示してきたのが中国木材のハイブリッド・ビームである。発売開始から、国産材化を進めたいビルダーから歓迎され少しずつ普及していった。全国木材組合連合会の国産材マークと共に「国産材50%超」と印字し、助成の対象となることも有利に働いた。今では毎月1万㎥弱のペースで販売。国産材活用に"本気"になった住宅事業者の多くが横架材問題に頭を悩ませており、ハイブリッド・ビームが果たす役割は大きい。

## 樹種の特長を最大限に活かす組み合わせで森林資源を有効活用

ベイマツは強度が高いのが特長だが、ハイブリッド・ビームの外層部に使用しているベイマツには、丸太直径40㎝以上の表層に近い部分で平均ヤング係数160以上と非常に強度の高い部分を使用する。スギについては、小曲り材から大径木も活用できるノウハウを構築。中国木材では、製材工程で繊維に沿った製材と、重りを載せて矯正しながら乾燥させることで、ハイブリッド・ビームに利用できるよう工夫している。樹種の特長を最大限に活かし、森林資源を有効活用した構造材というわけだ。

外層部にベイマツ、内層部に国産スギを使用したハイブリッド・ビーム

## ベイマツとスギの特性を融合他材料と同等以上のヤング係数を実現

国産スギとベイマツの特性を融合したハイブリッド・ビームは、ヤング係数がE105、E120という2種類の商品をラインナップしている。欧州産のレッドウッドの集成材がE105ということを考えると、十分以上の性能を備えている。また、材料自体が軽いという特徴もあり、作業効率アップにも貢献する。こうした特徴が高く評価されており、これまでに累計140万㎥を販売、毎月1万㎥弱のペースで販売している。

| 国産スギ | | ベイマツ | | ハイブリッド・ビーム |
|---|---|---|---|---|
| 軽くてねばり強い<br>弾力性・耐久性がある<br>抗菌性・対蟻性がある | **+** | 強くてたわみにくい<br>圧縮性能が高い<br>引張性能が高い | **=** | 両樹種の優れた特性を組み合わせたJAS認定構造用異樹種集成材 |

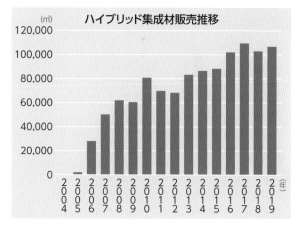

ハイブリッド集成材販売推移（㎥）

外層部に国産ヒノキ、内層部に国産スギを利用したハイブリッド柱も商品化

## 国産のスギとヒノキのハイブリッドも用意

中国木材では、外層部に国産ヒノキ、内層部に国産スギを利用したハイブリッド柱も商品化している。純国産材の異樹種集成材。桧を使って強度を高めながら、オール桧よりコストをセーブしたいというニーズにも対応する。

# ネダノン

## 壁倍率5倍以上の性能を備える
## 国産材活用も促す構造用合板

―――| プレミアムポイント |―――

**日本合板工業組合連合会**
☎03-5226-6677
https://www.jpma.jp/

合板の業界団体である日本合板工業組合連合会（日合連）。その日合連傘下の各社が共通した商品名で生産するJAS構造用合板（24㎜厚、28㎜厚以上）が「ネダノン」だ。（商標登録第4407164号）

ネダノンは水平構面としての性能が高く、もともと床用の構造材として開発された。しかし近年、手軽に住宅の耐震性能を向上できる構造用壁材として壁、屋根の下地としても活用されるケースが増えてきている。厚さ24㎜の「ネダノン スタッドレス5⁺」は、現行の法制度において最高ランクの壁倍率5.0 の大臣認定を取得。実力値は、5.9倍〜7倍相当であり、許容応力度計算ルートや非住宅の設計では、この数値をもとに設計を行える。

原料のほぼ全量が国産材のスギやカラマツなどであり、近年の国産材活用の流れにも貢献する。日合連は、ネダノンの施工方法や実験データを掲載した「ネダノンマニュアル ver.9」を発行し、ホームページでも公開している。

ネダノンは、一般流通材として手に入り、コストを抑えられ、また、特殊な施工技能も必要なく、新築でもリフォームでも手軽に耐震性能を高められるといった特徴を備える。その一方で、スギやカラマツ、ヒノキなどを原料として、約9割は国産材を活用している。しかも、安定的に供給できる体制を構築しており、国産材活用の推進という点でも重要な役割を担っている。なお、日合連では2000 年時点で14 万㎥であった合板用の国産原木の使用量を「森林・林業基本計画」に基づき2025 年までに700 万㎥へと引き上げる目標を掲げている。新築戸建分野、住宅ストック分野に加えて、近年は、中大規模木造市場でも使用されることも増えており、その活躍の場はますます広がることになりそうだ。

## 壁倍率5.0の大臣認定を取得、実力値は5.9〜7倍
## 安価かつ手軽に耐震性を向上

ネダノン スタッドレス5⁺は、耐震性能の向上に向け、できることを最大限やるという発想のもとに生まれた商品。より安価で、かつ手軽に住宅の耐震性を向上できる構造用合板だ。壁倍率5.0の大臣認定を取得している厚さ24mmのネダノン スタッドレス5⁺の実力値は5.9〜7倍相当であり、許容応力度計算ルートや非住宅などの設計では、この数値をもとに設計を行うことができる。

## 非住宅分野でも実力を発揮
## 超厚合板（CLP：Cross Layered Plywood）
## の開発も

構造用合板は最大で壁倍率20倍相当にまで性能を上げることも可能だ。近年、中大規模木造建築での使用も増えている。また、日合連は、従来の厚物合板よりさらに厚い超厚合板（CLP：Cross Layered Plywood）の開発に着手した。合板に関するJAS規格の改正を図ることを目的に技術・製品開発を進め、非住宅木造の可能性を広げる新構造材としてなど、新たな用途開拓を目指している。

コストを抑えて高耐震化、プランの自由度を高めやすい

### 耐力壁の面内せん断性能の比較
（ネダノン スタッドレス5⁺の試験データ：(公財)日本住宅・木材技術センターにおける倍率認定試験結果より）

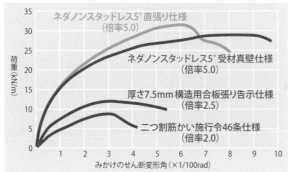

ネダノンスタッドレス5⁺直張り仕様（倍率5.0）
ネダノンスタッドレス5⁺受材真壁仕様（倍率5.0）
厚さ7.5mm 構造用合板張り告示仕様（倍率2.5）
二つ割筋かい 施行令46条仕様（倍率2.0）

荷重（kN/m）
みかけのせん断変形角（×1/100rad）

## 耐震リフォームにも最適
## 講習会を受けずに利用可能

日合連では、構造用合板張り耐震補強壁（12mm厚、24mm厚）について、(一財)日本建築防災協会（建防協）の技術評価を取得。一般的に建防協の技術評価を取得した耐震補強工法を利用するには、メーカーが実施する講習会を受ける必要がある。日合連が評価を受けた耐震補強壁では、日合連ホームページ（https://www.bearingwall.jp/）上で登録手続きを行うだけで利用できる。ただし、日合連への登録申請後、物件ごとに、耐震補強で使用した構造用合板のJAS印・メーカー名が見えるように写真を添付し、工事完了後、1カ月以内に日合連ホームページ（https://www.bearingwall.jp/member/login）から実績報告書を提出する必要がある。

合板張り耐力壁を用いて既存の壁の補強を行うことができる

# novopan STPⅡ

## 地震・台風に強い家づくりに貢献する構造用PB
## 様々な性能を備え、現場の施工者から高い支持

├─── プレミアムポイント ───┤

 日本ノボパン工業株式会社

☎03-5295-2100
https://www.novopan.co.jp/

国内最大のパーティクルボード（PB）メーカーである日本ノボパン工業は、主力商品として9㎜厚の構造用PB「novopan STPⅡ」（以下、STPⅡ）を製造・販売する。2004年から国土交通大臣認定を取得し販売を開始。2007年にSTPⅡへとバージョンアップを図った。床勝ちや高倍率の認定も取得するなど、より使いやすい形へと進化している。2018年3月に、耐力壁の改正告示が施行され、木造軸組工法、枠組壁工法、それぞれにおいて高倍率の耐力壁に厚さ9mmの構造用PBを使うことができるようになった。高倍率の仕様が設定され、より使いやすい環境整備が進んでいる。

発売当初から販売は順調に伸びており、住宅1棟あたり70枚使用すると換算して、2021年までの累計採用棟数は約80万棟超に上る。現在、月産1万3000㎡を生産、供給している。

## 記者の目

近年、戸建住宅において、筋かいから耐力面材へという流れが着実に進んでいる。筋かいは、柱・梁との接合部に力が集中するため、脆性的な破壊を起こす恐れがある。対して、耐力面材は面全体に力を分散させ、地震・台風などの外力に対して粘り強く抵抗する。様々な素材の耐力面材がある中でも、近年、存在感を高めているのがPBであり、日本ノボパン工業は主力商品としてSTPⅡの販売を伸ばす。合板の2倍超のせん断剛性、表面が硬い一方で破損しにくい点、釘がめり込みにくい粘り強さ、耐水性など、様々な性能を備え、品質、価格の安定性も含めて信頼獲得につながっている。徹底的に合理化を進める大手の戸建分譲事業者などから採用されるケースも増えている。「一度使っていただけると、リピーターになってもらいやすい」（同社）という言葉にも頷ける。

## 合板に比べて2倍以上のせん断剛性
## 地震・台風に強い家づくりに貢献

PBは、構造用面材に求められるせん断剛性が、合板に比べ2倍以上。地震・台風に強い家づくりに貢献する。また表面が硬く、破損しにくい一方で、粘り強さがあり、釘がめり込みにくい。さらに、降雨などによる水漏れを起こしても木口の膨張はほとんど起こらない。こうした様々な利点から、施工時にトラブルになりにくく、特に現場の施工者から高い支持を得ている。

供給、品質、価格の安定性から住宅の耐力壁として支持を集めている

 ## バリエーション豊富な耐力壁
## 告示改正でさらに使いやすく

2018年の告示改正により構造用PBの高倍率の仕様が使用できるようになった。軸組工法（大壁）では、くぎピッチの変更で3種類の壁倍率を、枠組壁工法では、2種類の壁倍率を使い分けることが可能。2004年から取得を進めてきた国土交通大臣認定を取得した耐力壁の仕様を含め、豊富な耐力壁のバリエーションにより内部耐力壁やバルコニーなどの床勝ち仕様、長期優良住宅やZEH住宅のような必要壁量の多い建物に求められる高倍率仕様など、多様化するニーズに対応できる。また、（一社）耐震性能見える化協会のwallstat対応建材として認証されている。耐震シミュレーションソフト「wallstat」に組み込み、解析することが可能で、STPⅡを使用する効果を視覚的に確認できる。

製品の表面にはネイルマークをつけ、早く正確な施工ができるように配慮している

（一社）耐震性能見える化協会のwallstat対応建材として認証されている

特に現場の施工者から高い支持を得ている

 ## 価格安定性に定評
## 環境配慮型の建材としても注目

ウッドショックの影響などで合板でも原木不足が生じ、価格高騰が続いている。これに対して、PBは、接着剤の高騰の影響はあるものの、木材チップさえあれば製造できるため、価格安定性に定評がある。また、環境配慮型の建築資材であることにも改めて注目されている。リサイクル木材を主原料とするエコ商品であり、接着剤には非ホルムアルデヒドタイプのものを使用している。

## パネル化、長尺化しやすく
## 非住宅市場でも活躍

パネル化、長尺化しやすく、非住宅木造市場での採用実績も増えてきており、非住宅木造向けの新商品開発にも取り組んでいる。合板は、樹種によってある程度強度が限定されるが、PBは、厚さ、密度などを簡単に調整できるため、非住宅木造により適した高耐力の耐力面材の開発に取り組みやすい。実際に「複数のハウスメーカーなどから、独自仕様の非住宅向けの耐力面材開発の依頼が来ている」（同社）という。

# DLT

木材を木ダボで接合した木質パネル
シンプル、ローテクで中小製材所も取り組みやすく

├ プレミアムポイント ┤

先進性 和目性 社会性 性能品質 コスパ デザイン性 施工性 将来性 使い勝手 生産性

**株式会社 長谷川萬治商店**

☎03-5245-1151
https://www.haseman.co.jp/

　DLT（Dowel Laminated Timber）は、木材を木ダボで接合した木質パネル。接着剤は使わずに、木材に深孔を開けて木ダボを通すという簡易な製法で製造される。木材の加工性を生かした多彩な表面意匠が可能で、意匠材・構造材として活用が可能だ。CLTや集成材など、接着剤で積層する構造材に比べ、製造方法がローテクでシンプルなため、大型の設備がない中小の製材所なども地域材を活用して製造ができる。そのため、DLTが考案された欧州では、ドイツ南部やスイスの山間部に中小規模のDLT製造工場が点在し地域の木材を活用している。素材生産から加工、利用までの流れが地域の中で成立しており、小さな地域社会の中で限られた木材資源などを有効活用し、地域経済を回す。加えて、DLTは他の木質パネルと異なり、丸身等を含む建築用途では使い難いB材・C材もパネル化し有効活用が可能となる。こうした点が評価され2020年度グッドデザイン賞を受賞した。

## 記者の目

　炭素貯蔵効果が期待でき、再生可能な循環資源である「木材」を建築物に積極的に利用しようとする機運が高まっている。しかし、充分に山側へ利益が戻っていないという指摘もあり、この点が大きな課題になっている。長谷川萬治商店のDLTは、こうした課題を解決する可能性を秘めた木質素材だ。ローテクでシンプルな方法で製造できるため、中小の製材業者でも生産しやすく、いわゆるB材も有効活用できる。できるだけ多くの木材を利用しながら、地域の製材業者が付加価値の高い形で製品化し、それを比較的小さな経済圏のなかで利用していく―。山側へとより多くの利益が戻り、持続可能な森林経営につながり、好循環が生まれていく。地域経済への貢献度の高い建材として普及が期待される。

## 木材の有効利用に貢献
## 多品種少量生産も可能

DLTは製材を並べて深穴をあけ、木ダボを打ち込むだけで製造できる。また、丸身などを含むB材・C材と呼ばれる木材も有効活用でき、木材の有効利用に貢献する。長谷川萬治商店は今後、地域の中小製材事業者などと連携し、DLTの製造技術を支援しながら普及拡大を目指す。中小の製材事業者は、各エリアのニーズに柔軟に対応して、多品種少量生産で付加価値を高めた製品を供給でき、競争力強化が期待できる。現在、群馬県、宮城県、秋田県大館市と連携を進めている。

DLTの材の色調を確認する様子

DLT丸身付きタイプ

## 独自の意匠性で
## 建築デザインに
## 新たな選択肢をもたらす

その独自の表面意匠によって、建築デザインに新たな選択肢をもたらし、これまでにない木質感溢れる内装デザインを実現する。ひき板を積層した「基本タイプ」のほか、表面を斜めに深く削り凸凹を強調した「ベベルエッジ」、丸身やいり皮交じりのひき板をランダムに積層した「丸身付き」、表面に溝をつけた「グルーブエッジ」など複数の断面形状の意匠を用意。また、吸音材と組みあわせた「吸音DLT」は、有孔吸音板と同等の吸音性能をもち、音楽室などに適した木質素材だ。DLTの標準サイズは、厚さ120mm、幅480mm、長さ4000mmだが、受注生産のためカスタムサイズにも柔軟に対応する。

## 天井現しの床パネルで
## 木質感あふれる空間に、
## 施工簡略化も

DLTは、床パネル、壁パネルなど、構造用途への活用も可能だ。強度試験では、杉JAS2種2級材で製造したDLTが同じ断面寸法の集成材(E65F255)同一等級構成の平梁と同等程度の強度を有していることを確認している。天井現しの床パネルとして利用することで施工を簡略化するといったメリットもある。さらに、軸組工法と組み合わせて壁パネルとしても使用可能だ。スギ105×105 JAS乙種2級同等材で製造したDLT耐力壁は、壁倍率2.2倍相当、構造用合板との併用で最大5.5倍相当の壁倍率となる。大臣認定は取得していないため、許容応力度計算による構造計算が必要となる。

ANDPADHOUSE(設計　小林・槇デザインワークショップ)
吸音DLT仕上げの天井

バウマイスターの家(設計　網野禎昭+平成建設一級建築士事務所)
木の色調が美しいDLT天井仕上げ

# FRAME II

## 木質耐震フレームと高断熱な窓を組み合わせ 住まいの耐震と断熱を同時に実現

**構造材**

プレミアムポイント

先進性 独自性 社会性 性能品質 コスパ デザイン 施工性 将来性 使い勝手 生産性

### YKK AP株式会社

☎0120-20-4134
https://www.ykkap.co.jp/

既存住宅の活用が社会的に大きなテーマとなるなか、住宅の性能を高める性能向上リフォーム・リノベーションの提案が重要になっている。築年数が経過した住宅は、たとえ構造躯体に問題がなくても、耐震性が現在の基準に適合しておらず不安があり、断熱性が低く現代の暮らしに合わないケースが多い。

「FRAME II」は、木質耐震フレームと高断熱な窓を組み合わせ耐震性と断熱性という2つの性能を向上、既存の木造戸建て住宅の価値を高める商品だ。

「J-耐震開口フレーム」(木質耐震フレーム)は、筋交い・合板よりも高靭性を持ち粘りに強いという大きな特徴を持っている。開口部の耐力壁量を増やし、耐力壁配置のアンバランスを解消することで耐震性を改善する。

さらに高性能樹脂窓「APW 330」などを組み合わせることで、採光や通風といった窓の機能はそのままに断熱性を高めることができる。

## 記者の目

今、空き家の増加が大きな社会問題となっている。「平成30年住宅・土地統計調査」によると、我が国の総住宅数は約6240万7千戸だが、その中に空き家が約848万9千戸存在する。そして、国土交通省によると住宅ストックのうち耐震性が不十分なものは約3割、省エネ基準に適合していないものは約9割に達している。空き家を含めた既存住宅を流通さ

せ活用していくためにも、これらの性能向上は不可欠だ。

一方で、自然災害が多発、大規模な地震への備えが重要となっている。また、気候変動への対策に脱炭素化の取り組みが待ったなしであり、住宅の省エネ性向上が強く求められている。社会課題への対応という意味からも「FRAME II」への注目が高まりそうだ。

## 耐震と断熱を同時に実現し
既存住宅の価値を向上

「FRAME II」は、木質耐震フレームと窓を組み合わせた新しい発想の耐震商品。国土交通大臣の認定と(一財)日本建築防災協会の住宅等防災技術評価の技術評価書を取得した高靭性の「J-耐震開口フレーム」は、耐震上の弱点である開口部の耐力壁量を増やして耐震性を改善。さらに断熱性の高い樹脂窓「APW 330」を組み合わせることで採光や通風を確保したうえで断熱性能を高めることができる。

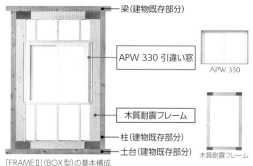

- 梁(建物既存部分)
- APW 330 引違い窓

APW 330

- 木質耐震フレーム
- 柱(建物既存部分)
- 土台(建物既存部分)

木質耐震フレーム

「FRAME II」(BOX型)の基本構成

 ## 開口部を耐力壁に!!

一般的な耐震補強は壁に筋交いを入れる、壁に構造用合板を張るといった補強であり、どうしても窓の大きさが犠牲になり暗くなりがち。「J-耐震開口フレーム」は開口部を耐力壁とすることで、窓の大きさを確保しつつ耐震性を高めることが可能だ。

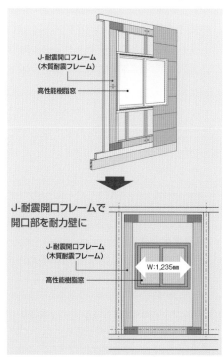

J-耐震開口フレーム
(木質耐震フレーム)

高性能樹脂窓

### J-耐震開口フレームで
開口部を耐力壁に

J-耐震開口フレーム
(木質耐震フレーム)

高性能樹脂窓

W:1,235mm

窓を犠牲にすることなく耐震性を高める

 ## 設置場所にあわせて
「門型」か「BOX型」を選択

「J-耐震開口フレーム」は開口部を耐力壁とするが、その開口部の大きさによって「門型」か「BOX型」を選択でき、設置する場所にあわせて使用することが可能だ。

例えば、掃き出し窓など外周部の窓はもちろん、大開口の間仕切り、階段部などでも使用できる。狭小地でも耐震性を確保しながら大開口やインナーガレージを実現することができる。

開口部の大きさで「門型」か「BOX型」を選択できる

# ジーワンボード（Z1ボード）

**断熱材**

## 業界最高水準の断熱性能に加え遮熱性能を保持 リフォーム対応などを図った断熱材

 プレミアムポイント

先進性 独自性 社会性 性能品質 コスパ デザイン 施工性 将来性 使い勝手 生産性

 **アキレス株式会社**

☎03-5338-9544
https://www.achilles.jp/

硬質ウレタンフォーム断熱材「ジーワンボード」（Z1ボード）は、熱伝導率0.018W/（m・K）という業界最高水準の断熱性能を備える硬質ウレタンフォーム断熱材だ。ZEH、断熱等性能等級6・7、HEAT20の断熱グレードなどで求められる高い断熱性能を実現している。

また、面材に赤外線高反射タイプのアルミ箔を採用することで優れた遮熱性能も備えており、夏場の冷房負荷の削減にも貢献する。施工性にも優れており、ウレタンフォームの独立気泡構造とアルミ箔面材により、優れた耐水性と防湿性を発揮し、外張り断熱で壁の透湿・防水シートの施工が不要だ。

また、既存住宅の断熱リフォーム向けに、ジーワンボードと石膏ボードを一体化した断熱リフォームパネル「アキレスJDパネル」も販売している。内側に貼り付けるだけで良いため、既存の壁を壊さずに一部屋から手軽に施工できる。

**記者の目**

ZEHや断熱等性能等級6・7、HEAT20の断熱グレードにも対応できる断熱性能を備えているジーワンボードは、プロジェクトチームの発足から3年の期間を経て開発に成功した商品だという。熱伝導率を低くするための繊細な発泡技術とウレタンフォームの配合技術、それを理想の形に仕上げる成型技術を高い次元で融合することで、業界トップクラスの断熱性能を実現した。発売以来、先進的な住宅事業者の高断熱化ニーズに応えてきた断熱材である。また、既存住宅の断熱化という重要課題に対して、「アキレスJDパネル」でひとつの解を示している。一部屋からなど部分断熱も手軽に施工できるもので、既存住宅の省エネリフォーム市場を開拓する上でも重要な役割を担いつつある。

## 冬も夏も快適な住空間を実現
## アルミ箔面材で遮熱機能も

ジーワンボードは、一年中快適な住空感の実現に貢献する。断熱材を構成するセルの微細化によって業界最高水準の高断熱化を実現、冬場の省エネ性能効果の最大化を図っている。断熱材の両面に遮熱効果のあるアルミ箔面材を一体成形することで、屋根や外壁からの熱侵入も減少させ、夏場の冷房負荷削減にも貢献する。また、アルミ箔面材はフォームを湿気や紫外線などから保護し、経年による性能の低下を抑える効果もある。

一年を通して快適な住環境の
実現に貢献するジーワンボード

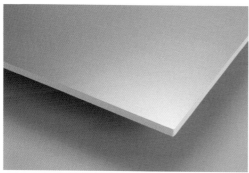

## 省施工で職人不足に対応

ウレタンフォームの独立気泡構造とアルミ箔面材により、優れた耐水性と防湿性を発揮し、外張り断熱で壁の透湿・防水シートを施工する必要がなく、施工性の向上にも貢献する。軽量で曲げ強度にも優れるため、屋根断熱では踏み抜き防止のための下地合板を省略できる点も特徴のひとつ。

ウレタンフォームの独立気泡構造と
アルミ箔面材により施工性も向上

## リフォーム用商品も用意
## 既存住宅を手軽に快適に

ジーワンボードと石膏ボードを一体化させた断熱リフォームパネル「アキレスJDパネル」の販売も開始している。ビス留めだけで施工できるため壁・天井を壊さず断熱改修が可能だ。従来は2週間程度掛かっていた断熱リフォームを「アキレスJDパネル」なら1日〜2日で完了できる。また、極めて高い断熱性能を持つジーワンボードを使用することでパネルの厚みを29.5mmに抑えており、居住スペースを大きく狭めることなく断熱改修できるメリットを持つ。

ジーワンボードと石膏ボードを一体化させた断熱リフォームパネル「アキレスJD
パネル」も販売、既存住宅の脱炭素化に貢献する

# Aclear α（アクリア アルファ）

## 断熱性能トップクラスの住宅用グラスウール断熱材
## 超細繊維を採用、105mm厚でR値3.3

断熱材

 旭ファイバーグラス株式会社

☎0120-99-6388
https://www.afgc.co.jp/

「アクリアα」は、住宅用グラスウール断熱材として世界最高水準の熱伝導率を実現した断熱材。2014年に独自技術により世界初※となる約3μのグラスウール超細繊維の製造に成功し商品化した。

グラスウール断熱材は、細いガラス繊維が絡み合い空気を内包し、内部の空気の移動を抑えることで断熱性能を発揮する。繊維が細いほどその本数が増え、空気が移動しにくくなることから、同じ密度でも高い断熱性能を発揮する。一般的なグラスウールの半分以下の細さにより優れた断熱性能を発揮。105mm厚で密度36K の場合の熱抵抗値（R 値）は3.3㎡・K/Wだ。超細繊維のため、施工時のチクチク感が低減されるだけでなく、原材料にホルムアルデヒドも含まず、施工者、居住者にとってやさしい商品となっている。

※住宅用グラスウール断熱材（成型品）として。同社調べ。2014年7月発売時。

## 記者の目

脱炭素に向け、住宅の高性能化は喫緊の課題である。2022年10月には、住宅性能表示の断熱等性能等級6、7が施行となった。等級6はHEAT20のG2レベル、等級7はG3レベルと非常に高い水準だ。すでに高性能住宅を手掛ける事業者はG2、G3レベルの家づくりに取り組み始めている。断熱材市場においては、コストと性能のバランスから、グラスウール断熱材が広く普及し、5割超のトッ

プシェアを占める。多くの現場の職人が慣れているという安心感もある。旭ファイバーグラスの「アクリアα」はグラスウール断熱材として最高水準の断熱性能を誇る。さらに、G2、G3レベルという高い断熱性能の実現をサポートするため、アクリアαと、フェノールフォーム断熱材「ネオマフォーム」の2種類の断熱材を組み合わせた現実的な断熱材仕様例なども提示し、住宅の高性能化を力強く後押しする。

## 約3μの超細繊維 寒冷地の省エネ基準を 105mm厚でクリア

約3μという超細繊維がアクリアαの高い断熱性能を可能とした。密度36kg/㎡で熱伝導率0.032W/(m・K)を達成する優れた断熱性能を持つ。グラスウール断熱材としては最高水準の性能だ。これは住宅の省エネ基準における北海道などの1・2地域の木造住宅の壁・床に求められる熱抵抗値(R値)3.3㎡・K/Wを、アクリアα1枚(36kg/㎡・105mm厚タイプ)でクリアできるレベルである。

36kg/㎡タイプに加え、20kg/㎡もラインアップしている。熱伝導率0.034W/(m・K)の性能を持ち、105mmの厚さで本州以南の地域の壁に求められる熱抵抗値2.2を上回る3.1という性能を発揮、ZEHをはじめとする高断熱住宅の実現に寄与する。

一般グラスウール

高性能グラスウール

高性能グラスウール
(細繊維タイプ)

高性能グラスウール
(超細繊維タイプ)

独自技術で、
さらに細く!

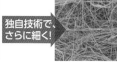

平均繊維径7~8ミクロン
グラスウール10kg/㎡(0.050)
(　)内は23℃の時の熱伝導率(W/m・K)

平均繊維径5~6ミクロン
アクリアウール16kg/㎡(0.038)

平均繊維径4~5ミクロン
アクリアネクスト14kg/㎡(0.038)

平均繊維径3~4ミクロン
アクリアα(アルファ)
36kg/㎡(0.032)
20kg/㎡(0.034)

## 壁用、床用、天井用で新製品 250mm厚の高性能品の登場、仕様基準対応品のラインアップ拡充

2023年1月、アクリアαシリーズの新製品を相次ぎ発売。壁用、床用、天井用それぞれでラインアップが充実した。「アクリアα R71」は高断熱住宅の天井用に推奨する新製品。2022年3月に建築用断熱材のJIS規格であるJIS A 9521が改正され、厚みの範囲が250mmまで拡大されたが、その改正に対応。20K250mm厚の仕様で、熱抵抗値(R値)は7.1㎡・K/Wとシリーズ最高性能だ。さらに、2022年11月に施行された断熱等級5・誘導基準の仕様基準に対応する製品を新たに設定した。「アクリア R45」は14K170mm厚、R値4.5の性能を持ち、3~7地域の天井の熱抵抗の基準R4.4に対応する。「アクリアUボードNTα」は20K120mm厚、R値3.4の性能を持つ床用の製品で、4~7地域の床の基準R3.4に対応する。また、「アクリアウールα」に28K89mm厚、R値2.7の仕様を新設。ツーバイフォー向けで、3~7地域の壁のR値2.7に対応できる。住宅の高性能化を強力にバックアップする。

新商品のアクリアα R71

## G2、G3レベルを目指し付加断熱との組み合わせも

寒冷地において、HEAT20のG2、G3レベルの高性能住宅を実現しようとすれば、充填と付加断熱との組み合わせが実用的である。そこで、旭化成建材と共同で「G3チャレンジ」を実施。「アクリアα」とフェノールフォーム断熱材「ネオマフォーム」の2種類の断熱材を組み合わせ、それぞれの断熱材が持つ特性を生かして適材適所に使用することで現実的な仕様を作成、公表している。

# 建築用真空断熱材

## 住宅の高断熱化を次のステージへ
## 断熱改修の可能性も広げる建築用真空断熱材

断熱材

┤ プレミアムポイント ├

### 旭ファイバーグラス株式会社

☎0120-99-6388
https://www.afgc.co.jp/

冷蔵庫や自動販売機、クーラーボックスなど産業用途において広く使われている真空断熱材。旭ファイバーグラスは、建築用の真空断熱材のJIS規格の認証を国内で初めて取得、いち早く本格販売を開始した。熱伝導率は、初期性能、長期性能いずれも0.004W/(m・K)と、住宅用グラスウール断熱材で国内最高クラスの性能を持つ同社のアクリアα36Kの8分の1程度。熱抵抗値(R値)は16mm厚で4.0㎡・K/W程度。

初期の高い断熱性能を長期にわたり保持できるという特長も備えている。JISで規定する「23℃、相対湿度50%、25年継続使用」という条件で、初期性能は長期にわたりほとんど低下しないことが確認されている。

薄い厚みでより優れた断熱性能を実現できるため、新築時だけでなく、既存住宅の断熱改修でも活用が期待されている。住宅の高断熱化を次のステージへと導くポテンシャルを秘めた断熱材である。

2025年度以降新築される住宅・非住宅建築物の省エネ基準適合義務化が決定した。また、住宅性能表示制度の断熱等性能等級6、7が新設され、住宅の高断熱化に向けた動きはさらに加速しつつある。より高いレベルの断熱性能を実現するうえで、クリアすべき課題が壁厚の問題である。高断熱化に伴い壁厚が増していき、居住スペースが犠牲になる懸念があるのだ。付加断熱などを採用する場合、さらにこうした問題が顕在化する心配がある。高断熱化をめぐるもうひとつの問題が、既存住宅の断熱改修だ。まだ決定的な解決策を見いだせない状態である。真空断熱材は、この2つの問題を解決する可能性を秘めており、日本の住宅のさらなる高性能化を促すポテンシャルを秘めている。

## 圧倒的な断熱性能の高さを
## 長期間にわたり持続

建築用真空断熱材の最大の特徴が、その断熱性能の高さだ。熱伝導率は0.004W/(m・K)となっており、同社の住宅用グラスウール断熱材で国内最高クラスの性能を持つアクリアαの8分の1程度。また、この優れた断熱性能を長期間にわたり持続することができる。JISで規定する「23℃、相対湿度50%、25年継続使用」という条件で、性能変化に関する実験を行った結果、長期にわたり初期性能がほとんど低下しないことが確認されているという。

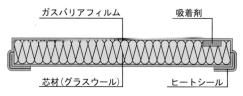

ガスバリアフィルム　　　　　　　吸着剤

芯材（グラスウール）　　　　　　ヒートシール

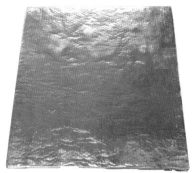

建築用真空断熱材の断面図（上）と製品写真（下）

壁を壊さなくても十分な断熱性能を確保する断熱改修が可能に

## 既存住宅の断熱改修をより手軽に

建築用真空断熱材は、既存住宅の断熱改修にも新たな可能性をもたらす。既存住宅の断熱改修を行う場合、壁を壊して断熱施工を行う必要があり、手間とコストがかかりすぎるという問題がある。こうした問題を解決するために、壁を壊さずに室内側から断熱材を付加する手法なども実用化されているが、どうしても壁厚が増えてしまい、居住スペースが狭くなるという課題があった。建築用真空断熱材であれば、薄い断熱材を室内側から施工することで、居住スペースを極端に圧迫することなく、断熱性能を高めることができる。

## 薄くても高性能
## 付加断熱に最適

一般的な断熱材の場合、高性能化とともに製品が厚くなっていく。そのため壁厚が増えてしまい、居住スペースを圧迫するといった問題が発生することもある。建築用真空断熱材16mm厚の熱抵抗値は4.0で、従来の高性能グラスウール断熱材と単純に比較すると、高性能グラスウール14K152mm厚と同じ性能を誇る。つまり、従来であれば152mmの厚さが必要であった性能を16mmの製品でクリアしてしまうというわけだ。
この特性を生かすことで、例えば新築時に付加断熱を行う際などに新しい可能性をもたらすことが期待される。同社によると、85mm厚の高性能グラスウール断熱材で充填断熱を行い、室内側に建築用真空断熱材を使用することでR値6.2が実現可能であり、等級7といった超高断熱住宅にも対応できるという。

# シュタイコ

寒さと暑さに対応できる木質繊維断熱材
欧州では「未来の断熱材」との評価も

┤ プレミアムポイント ├

株式会社イケダコーポレーション

☎0120-544-453
https://iskcorp.com/

STEICO(シュタイコ)は、ドイツに本社を置く、ヨーロッパ最大の木繊維断熱材メーカー。イケダコーポレーションは、STEICOが製造・販売する木繊維断熱材「シュタイコ」の日本代理店として4年前から充填断熱用の「シュタイコ フレックス038」、外断熱や屋根下地用の「シュタイコ デュオドライ」を輸入販売してきた。2021年4月から吹込断熱材「シュタイコ ゼル」も加え、本格販売を開始した。

熱容量は2100[J/(kg・K)]と、グラスウール断熱材と比べて約3倍の性能を発揮する。これにより熱をダムのようにため込み、緩衝材として働くことで、家の中の温度上昇を抑制し夏のオーバーヒートを防ぎ、快適な室内環境を創出する。

非常に高い熱容量と低い熱伝導率で、日本の灼熱の真夏でも快適な暮らしを実現する。

**記者の目**

近年、木繊維断熱材は、炭素貯蔵効果が期待でき、環境性能に優れた断熱材として注目を集めている。シュタイコは、生産時に排出する$CO_2$の約2倍の量を貯留でき、カーボンマイナス効果を発揮する。また、非常に高い熱容量により、家の中の温度変化を抑制。冬だけでなく、夏も快適な住空間の創出に寄与する。こうした強みが支持され、ヨーロッパでの断熱材のシェア10%は木繊維断熱材に切り替わり、多くの木造建築家たちが「未来の断熱材」と呼ぶ。2021年11月にスコットランドで開催されたCOP26サミットにおいて、メイン会場近くに、"Beyond ZERO Homes=脱炭素の先へ"をキーワードに建設された「COP26 House」の天井・壁・床部にはシュタイコが使用された。日本においても環境面での貢献を意識する建築業者、建築家からの採用が増えており、こうした動きはさらに加速していきそうだ。

## 優れた熱容量で蓄熱
## 夏も快適な室温を維持

熱伝導率は0.038[W/(m・K)]とグラスウール断熱材とほぼ同等でありながら、優れた「熱容量」も備えている。断熱材は、冬の寒さを防ぐ熱伝導率の数値が重要視され、熱容量にはあまり注目されていないのが実情だ。シュタイコの熱容量は2100[J/(kg・K)]とグラスウール断熱材と比べて約3倍の性能を発揮する。外気温が35℃の時、屋根瓦の温度は80℃にも達するが、屋根下地にシュタイコを採用していれば、熱をダムのようにため込み、真夏に11時間以上高温にさらされても約20℃の過ごしやすい室温を維持する。

## 最適に調湿、
## 心地よい音響強化も

優れた調湿性能も備えている。過度な湿気を遮り最適に調湿することで、蒸し暑い梅雨時や真夏でもカラリと涼しい室内環境を創る。日本の高温多湿な気候に最適な断熱材と言える。さらに、防音効果も持ち合わせており、騒音を減少させ心地よい音響効果をもたらし、静かでストレスのない生活環境を実現する。

充填断熱用の「シュタイコ フレックス038」。環境性能に優れた断熱材として注目を集める

©株式会社創伸

吹込断熱材「シュタイコ ゼル」。全国で施工店ネットワークの整備を進めている

## 原料は針葉樹の端材
## FSC、PEFC認証の木材から製造

シュタイコは針葉樹の端材を原料に製造される。イソシアネートを含む接着剤やホルムアルデヒドなど、防蟻処理も含めて有害な化学物質は一切使用していない。全てFSC、PEFC認証の木材から製造されたエコロジーな製品であり、水や空気など環境に配慮した製造工程で管理され、梱包材に至るまで再利用可能な素材で作られている。

©株式会社創伸
日本においても、環境面での貢献を意識する建築業者、建築家からシュタイコの採用が増えている

# サーマックス真壁式パネル

PIR断熱ボード「サーマックス」を一体化した真壁式パネル
新時代を迎える住宅の高付加価値化戦略を下支え

**断熱材**

プレミアムポイント

 **株式会社イノアックコーポレーション**
☎0800-170-3971（フリー）
https://www.inoac.co.jp/

ポリイソシアヌレートフォーム（PIR）は1970年代にそれまでの硬質ウレタンフォームに替わり耐熱性、防火性が高い断熱素材としてアメリカで開発された。ポリイソシアヌレートフォームを採用したラミネートボードは、欧米では硬質ウレタンボードに替わり、「世界標準」の断熱材として広く普及している。

イノアックコーポレーションは、研究開発を重ね、より高性能なポリイソシアヌレートフォームによる断熱ボードの開発に成功し「サーマックス」として販売。熱伝導率は0.020 W/(m・K)。アルミ面材をラミネートしたサーマックスは、断熱性能とともに遮熱性を持ち、暑さ対策にも貢献する。さらに、接炎しても着火せず、炭化することで延焼を抑え、燃えにくい家づくりにも貢献。優れた防水性能も備え、経年により雨水を含み、断熱性能が劣化する懸念もない。

そのサーマックスを一体化した真壁構法用パネル「サーマックス真壁式パネル」を開発し、住宅事業者などの差別化戦略をサポートする。

## 記者の目

近年、脱炭素化を背景に、住宅にはより高いレベルの省エネ性能が求められてきた。また、気象変動による水害、そして震災などの自然災害への備えに対してもそのニーズは高まる一方だ。さらに本格的なストック時代を迎える中で住宅の長寿命化はライフサイクルでの$CO_2$削減という新しい価値観における新たな指標にもなってきている。イノアックコーポレーションが提案する「サーマックス真壁式パネル構法」はこうした市場の大きな環境変化をとらえた住宅の高付加価値化に戦略的にマッチする断熱構造提案として注目されそうだ。

## モノコック構造で高耐震化
## 制振性も付与したパネル構造の開発に着手

イノアックコーポレーションは、名城大学や地域のパネルメーカーなどと連携して、サーマックスを一体化した「真壁式外断熱パネル」、「真壁式充填断熱パネル」を開発し、パネルの普及に力を入れる。耐震性能の向上にも寄与することが、名城大学と共同で実施した耐震性能の評価実験で明らかになっている。壁を一つの箱型にしたモノコック構造にし、柱と柱の間に組み込むことで、壁自体の耐力を高め、一度の地震だけでなく繰り返される震動に対し、家屋が変形しにくくなる。同社はさらに、耐震性だけでなく制振性も付与するパネル構造の開発を進めており、実現すれば従来の制振ダンパーを組み込む制振構造とは全く異なる新システムとなりえる。

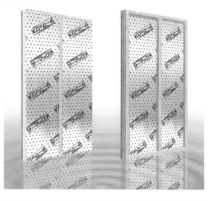

### 真壁納まり構造断面

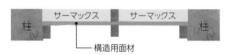

A 真壁式外断熱パネル

| 柱 | サーマックス | サーマックス | 柱 |

└ 構造用面材

B 真壁式充填断熱パネル

構造用面材

| 柱 | サーマックス | サーマックス | 柱 |

## 着火せず炭化し延焼を防止
## 熱伝導率は0.020W/(m·K)

サーマックスは、火を近づけても、火は着かず、溶けることもなく、炭化して残存する。熱伝導率は0.020W/(m·K)。アルミ面材仕様のサーマックスによる屋根断熱と組み合わせ、断熱等性能等級5及びHEAT20のG2、G3レベル相当の断熱等性能等級6、7に適合する設計提案を進める。

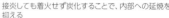
接炎しても着火せず炭化することで、内部への延焼を抑える

## 火災から住まいを守る
## 準耐火1時間で3階建て木造にも対応

サーマックスをパネルと一体化することで、火災からも住まいを守る。準耐火1時間の構造認定の国土交通大臣認定を取得済で、都市部の3階建ての木造住宅、集合住宅などにも対応できる。

## 安全性確保、工期短縮、品質安定、ゴミ削減など現場改革に貢献

パネル化により、足場を組んだ外側からではなく、内側から施工できるため、作業の安全性を確保できるほか、職人不足が深刻化する中で、工期短縮、品質安定、廃棄物削減などのメリットをもたらし、現場改革にも貢献する。

# ミラフォームΛ（ラムダ）

## 最高レベルの高性能断熱材
## プレカットで施工性の向上に貢献

**断熱材**

━━━━━━━━━━━━━━┤ プレミアムポイント ┝━━━━━━━━━━━━━━

 **株式会社JSP**

☎03-6212-6363
https://www.co-jsp.co.jp/

　JSPのミラフォームΛは、押出法ポリスチレンフォームで最高レベルの性能を発揮する高性能・次世代型断熱材だ。

　2014年に改正された断熱材に関するJISでは、新たに熱伝導率0.022W/（m・K）以下のFランクカテゴリーが設けられ、より細かく押出法ポリスチレンフォームの性能が評価されることになった。ミラフォームΛは、このFランクの性能を満たしている。さらに、圧縮強さ、曲げ強さ、吸水量などでも高い性能を発揮する。同社で

は、より高いレベルの断熱性能を目指す住宅事業者に対し、ミラフォームからミラフォームΛへの切り替え（グレードアップ）を推奨している。

　厚みのラインナップは25、30、40、50、55、75、90、100㎜厚の8種類を用意しており、さまざまなニーズに対応する。

　また、同社では断熱材のプレカット加工を行っており、建設現場での施工負荷の減少にも貢献。今後は、床だけでなく壁や屋根でも対応していく方針だという。

## 記者の目

　JSPが販売する押出法ポリスチレンフォーム断熱材は、床の断熱施工で使われることが多く、10年以上前から床に施工する断熱材のプレカット加工を行ってきた。職人の減少や工期の遅延問題などが浮上する中で、プレカット加工への注目度が高まっている。また、工場内で端材を回収し、リサイクルに取り組むことで環境面でも訴求力を高めている。

　同社では、付加断熱の普及に伴い押出法ポリスチレンフォーム断熱材が壁や屋根の断熱にも使われる機会が増えると見ており、今後は壁や屋根でもプレカット加工サービスを実施していくことを検討している。ミラフォームΛは、最高レベルの断熱性能だけでなく、職人不足問題への対応といった点でも、新たな価値を提供している商品だと言えそうだ。

## 強靱性、圧縮、防水、さらに高い環境性能も

ミラフォームΛは、同社がこれまで培ってきたプラスチック発泡技術を駆使して開発した。同社独自の気泡膜により輻射熱を抑制しガスバリア性をアップ、さらに気泡形状による熱伝導の抑制効果により0.022W/(m·K)という高い断熱性を持つ。曲げ強さ(靱性)は20N/cm²以上、圧縮強さは10N/cm²以上、吸水量は0.01g/100cm²以下と、断熱性のほかにも様々な高い性能を持つ。さらにノンフロン・ノンホルムアルデヒドで4VOC基準にも適合、居住者にもやさしい断熱材と言える。

ゼロエネルギーで、暮らそう。
ZEH

## 厚さのバリエーションも豊富 屋根の通気層を確保しやすく

厚さは25mm、30mm、40mm、50mm、55mm、75mm、90mm、100mmとバリエーションも豊富だ。高い断熱性を持つため、同じ断熱性であるならば薄くてすむことがメリットだ。例えば屋根の場合、R値2.3相当であればミラフォームΛ55mmを垂木高90mmに入れると通気層を35mm取ることができる。また、床の場合はR値2.2相当であればミラフォームΛ50mmで対応できる。

屋根の場合(充填断熱工法)

通気層30mm以上が望ましい

通気層35mm／55mm／通気層10mm／80mm／90mm

垂木90mm

ミラフォームΛ　EPS1号　グラスウール24K品
(R値　2.3相等)

ミラフォームΛなら通気層30mm以上確保!

## 床の断熱材プレカットのパイオニア 蓄積したノウハウ生かして壁にも挑戦

同社は床の断熱材のプレカットサービスを約20年前、業界に先駆け開始し、住宅事業者からの支持を集めている。現場で規格品の断熱材をカットし施工すると、1日仕事になるが、プレカット断熱材を用いることで、2時間程度に施工時間を短縮できる。図面情報から工場で正確にプレカットして現場に納めるため、性能確保にも寄与する。

この床の断熱材のプレカットサービスで培ってきたノウハウを生かして、壁の断熱材のプレカットサービスの展開も検討する。「SDGsといった観点から、現場のごみを減らしたいというニーズは年々高まってきている。特に都心の狭小地の住宅では、資材を運び込むことが難しく、近隣への迷惑などを考慮すれば、壁の断熱材のプレカットサービスへのニーズは高いはず」(同社)。壁の断熱材のプレカットに対応し、図面からの拾い出し作業を簡略化できるソフト開発にも着手する。

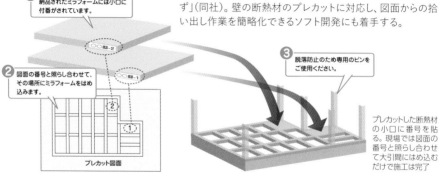

**❶** 納品されたミラフォームには小口に付番がされています。

**❷** 図面の番号と照らし合わせて、その場所にミラフォームをはめ込みます。

プレカット図面

**❸** 脱落防止のため専用のピンをご使用ください。

プレカットした断熱材の小口に番号を貼る。現場では図面の番号と照らし合わせて大引間にはめ込むだけで施工は完了

# スタイロフォームAT

## 基礎外側に打ち込み施工できる
## 防蟻機能を付与した断熱材

**断熱材**

| プレミアムポイント |

 先進性 独自性 社会性 性能品質 コスパ デザイン 施工性 将来性 使い勝手 生産性

### デュポン・スタイロ株式会社

☎0120-113210
https://www.dupontstyro.co.jp

---

基礎コンクリートと同時打ち込み施工ができ、防蟻機能を兼ね備える断熱材が「スタイロフォームAT」だ。基礎外側断熱工法に適した断熱材である。

押出法ポリスチレンフォーム断熱材の「スタイロフォーム」に、安全性の高いネオニコチノイド系の防蟻薬剤を混入したことでシロアリの侵入を防ぐ。防蟻剤の流出・拡散がほとんど生じないことが大きな特長だ。また、吸水しにくいことから基礎周りや土間部分などに適している。

シロアリの活性が高い沖縄県で野外試験を続けており、15年経過時点で薬剤の残存量が製造当初とほとんど変わっていないことを確認している。

スタイロフォームATは熱伝導率が0.028W/(m・K)以下で厚さは100mmまで。住宅の省エネ化が加速するなか、屋根・壁・床の断熱用には熱伝導率0.022W/(m・K)以下とさらに性能の高い「スタイロフォームFG」もラインアップしている。

---

**記者の目**

住宅の省エネ化が加速するなか、基礎断熱に注目が集まっている。特に寒冷地においては床断熱の重要性が高まっているが断熱材の厚みに限界があるためだ。また、床下空間の活用、水道管の凍結対策にも基礎断熱は有効だ。

この基礎断熱で大きなポイントになるのが防蟻である。基礎断熱の場合、シロアリの侵入に気づきにくく、被害の増大が懸念される。スタイロフォームATはこの基礎断熱における防蟻対策を業界に先んじて開発したパイオニア的商品。15年に及ぶ屋外試験の実績が信用を裏付ける。

省エネ性向上を考える時、劣化対策など住宅全体の性能をあらためて見直したいものである。

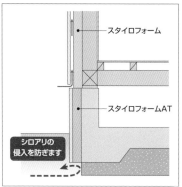

スタイロフォーム

スタイロフォームAT

シロアリの
侵入を防ぎます

防蟻剤を混入した断熱材は蟻道やコロニーになる心配が
ない

## スタイロフォームに防蟻剤を混入

スタイロフォームにネオニコチノイド系の防蟻剤を混入した。断熱材がシロアリの蟻道やコロニーになったりする可能性がほとんどない。防蟻剤の現場塗布や土壌改良に比べ、防蟻剤の流出・拡散がほとんど生じない。

〈通常のスタイロフォーム〉

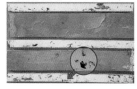

## 15年の屋外試験で薬剤の効果を確認

防蟻成分は農薬として使用が認められている安全性の高いもの。また、揮発性が非常に低いため薬剤の効果は半永久的。シロアリの活性が高い沖縄県で屋外試験を15年間続けており、製造当初と効果が変わっていないことを確認している。

〈スタイロフォームAT〉

薬剤の効果は半永久的で、15年間の屋外試験でも効果が変わっていない

## ほとんど吸水せず基礎や土間に最適

熱伝導率は0.028W/(m・K)以下で、吸水による断熱性能の低下はほとんどない。防蟻性能とあいまって、基礎周りや土間部分など、水分の多い部位に最適だ。

断熱材はほとんど吸水せず基礎などに適している

# 太陽SUNR

北海道トップシェアの実力
気密施工にも配慮したグラスウール断熱材

**断熱材**

プレミアムポイント

先進性　注目性　社会性　性能品質　コスパ　デザイン　施工性　将来性　使い勝手　生産性

パラマウント硝子工業株式会社

☎03-4582-5372
https://www.pgm.co.jp/

　北海道をはじめとした寒冷地において、同社の高性能グラスウール断熱材「太陽SUN」のシェアは、北海道で6割、北東北で5割弱に達するという。

　こうした寒冷地での実績も生かしながら、さらなる高性能化を図ったグラスウール断熱材が「太陽SUNR」だ。グラスウールの繊維をさらに細くする製造技術の開発に成功、熱伝導率0.035W/（m・K）という住宅用グラスウール断熱材としてはトップクラスとなる断熱性能を実現した。さらに上位製品である「太陽SUNR」のSRG（熱伝導率0.032W/（m・K））も市場投入し、寒冷地だけでなく温暖地での高断熱化の需要に応えている。

　同社では、関東以西で別張りシートによる「防湿気密」に関する提案も強化している。新たに可変調湿気密シート「太陽SUNR 調湿すかっとシート プレミアム」の販売もスタートさせている。いわゆる「夏型結露」を防止するもので、住宅の長寿命化などにも貢献する。

**記者の目**

　同社が販売する「太陽SUNR」は、自立性の高さなどから施工性の向上にも寄与する。また、優れた自立性は付加断熱を行いやすいという特徴ももたらす。付加断熱によって、2022年10月に新設された断熱等性能等級7をクリアしようという住宅事業者にとっては、こうした「太陽SUNR」の特徴も見逃せないだろう。

　また、可変調湿気密シート「太陽SUNR 調湿すかっとシート プレミアム」などを利用した別張りの気密施工も普及させようとしている。夏場に外気が壁体内で冷やされることで発生する夏型結露を防止する。住宅全体の性能向上、さらにはより快適な住環境の実現を目指す同社だからこそ、断熱と防湿気密を一体的に提案することが重要であると考えているのだろう。

##  超極細繊維の製造技術で トップクラスの断熱性能を発揮

寒冷地、北海道でトップシェアを誇る「太陽SUN」の最上位商品である「太陽SUNR」。グラスウールの繊維をさらに細くする製造技術によって、住宅用グラスウールとしてはトップ水準の断熱性能を誇る。熱伝導率0.035W/(m・K)のSRJに加え、上位製品のSRG(熱伝導率0.032 W／(m・K))もラインナップしている。

##  温暖地域の夏型結露を防止 断熱＋防湿気密を強化

関東以西での「太陽SUNR」の普及に向けて、断熱と防湿気密をセットで提案しており、可変調湿気密シート「太陽SUNR 調湿すかっとシート プレミアム」を開発し、販売している。高温多湿な地域では、蒸し暑い外気が壁の中で冷やされて夏型結露が発生する懸念がある。可変調湿気密シートは、高湿度の環境時には透湿機能が働き、壁内の湿気を逃がす機能を発揮する。一方、低湿度の環境時は防湿機能が働き、室内から壁内への湿気の移動を抑制し、内部結露を防ぐ。このメカニズムによって、壁内湿度を調整することで内部結露を抑制し、木材の腐朽やカビの発生を防止する。

##  高い自立性などで 施工性を向上

自立性に優れ、反発力もあるため、壁に充填しても沈みにくいという点も「太陽SUNR」の特徴のひとつ。施工した際に表面がたわまないので、平らできれいな仕上がりを実現しやすく施工性の向上に貢献する。また、壁の外側に施工する付加断熱にも向いている。皮膚に触れた時、グラスウール断熱材特有のチクチクとした肌触りも軽減しており、施工者はストレスを感じることなく施工できる。

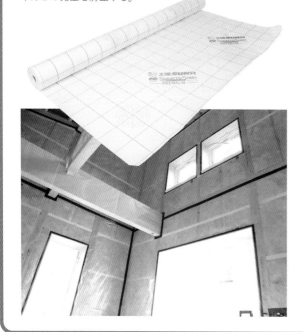

# LiveNaturalプレミアム オール国産材

## オール国産材の無垢材挽き板フローリング
## 国産広葉樹の活用を拡大

内装材

├ プレミアムポイント ┤

先進性　独自性　社会性　性能品質　コスパ　デザイン　施工性　将来性　使い勝手　生産性

 朝日ウッドテック株式会社

☎06-6245-9505
https://www.woodtec.co.jp/

「LiveNatural プレミアム オール国産材」は、製品を構成する全ての材料に国産材を使用した無垢材挽き板フローリングだ。これまでも製品の一部に国産材を使用することはあったが、同製品では基材から化粧材まですべてに国産材を使用しており、これは同社初となる。

基材には、国産材ヒノキ合板と国産材単板を組み合わせたハイブリッド合板を使用している。また、表面化粧材には、国産広葉樹を中心にナラ、セン、クリ、ヤマザクラ、ヒノキといった5樹種の挽き板をラインアップ。広葉樹は小径木や曲がりが多く、建材に利用しにくいとされてきたが、1枚の床材を幅の異なる8枚のピースで構成することで、木材の太さや曲がりの有無に関わらず、化粧材として活用できるようにした。

### 記者の目

2020年度の統計資料によると、広葉樹の生産量の約94%がパルプや燃料用チップとして消費されており、住宅資材や家具などの用材として利用された広葉樹の割合はわずか6%に過ぎない。広葉樹の多くが燃料チップとして燃やされてしまい、長年かけて固定していた$CO_2$を一気に大気に排出してしまっている。丁寧な選別が行われることがなくパルプ、チップになってしまうため、山側に十分な利益を還元することも難しくなる。原木生産者のモチベーションは低下し、市場への供給量はますます進まないという悪循環が生まれてしまう。朝日ウッドテックはこうした状況に一石を投じ、より付加価値を高めた形で、国産広葉樹を活用したフローリング「LiveNaturalプレミアム オール国産材」を開発。付加価値の高いものから低いものへ、それぞれの質に応じて順に利用するカスケード利用を促進する。日本各地に広葉樹豊かな里山が復活していく。そんな未来を期待させてくれる商品だ。

北海道の広葉樹(ナラ)の調達の様子や、商品開発の背景、想いをまとめた「LiveNatural プレミアム オール国産材」の紹介動画をYouTube(右)で公開している

## ココが人スゴが 独自の調達ルートで
## 広葉樹の安定調達を実現

広葉樹はスギやヒノキなどの針葉樹と異なり、伐採量は非常に少なく、樹種が多く同じ材がまとまって出てきにくく、安定的に調達することが難しい。そもそも広葉樹を扱う製材所も少ない。朝日ウッドテックでは、かねてから広葉樹の建材利用を図っており、独自の調達ルートを構築している。「LiveNatural プレミアム オール国産材」も、この調達ルートがあり、広葉樹を扱う製材所と関係構築を進めてきたからこそ誕生したものだという。

## ココが人スゴが 基材にハイブリッド合板を採用
## 床暖房に対応可能な寸法安定性を確保

国産材挽き板
5樹種

国産材単板
国産ヒノキ合板

木材は温度変化などによって変形・伸縮する性質を持つが、広葉樹と針葉樹では比重の違いから剛性が異なる。「LiveNatural プレミアム オール国産材」では、基材に針葉樹、化粧材に広葉樹を中心に利用しているため、従来のライブナチュラルプレミアム以上に、床暖房による変形・伸縮を抑えることが難しい。そこで、基材に国産ヒノキ合板と国産材単板を組み合わせた独自設計のハイブリッド合板を採用することで、床暖房にも対応可能な寸法安定性を厚さ12㎜で実現した。ヒノキ合板と広葉樹化粧材の間に挟んだ国産材単板が挙動の違いのバランスをとる役割を果たし、湿度変化による変形・伸縮を抑える仕組みになっている。

基材に国産ヒノキ合板と国産材単板を組み合わせた独自設計のハイブリッド合板を採用したことで床暖房にも対応可能な寸法安定性を実現

## ココが人スゴが 幅や長さの異なる8枚のピースで構成
## 小径木や曲がり材も利用可能に

市場に出回る広葉樹の多くは、小径木がほとんどで、曲がりがあるものが多い。「LiveNatural プレミアム オール国産材」では、小径木や曲がりがある広葉樹からとれる幅の狭い材料でも化粧材に活用できる技術を採用。1枚の床材を幅や長さの異なる8枚のピースで構成することで、木材の太さや曲がりの有無に関係なく利用できるようにした。表面化粧材にナラ、セン、クリ、ヤマザクラ、ヒノキといった国産広葉樹を中心とした厚さ2㎜の国産材挽き板を採用し広葉樹の新たな需要先創出につなげた。ウッドデザイン賞2022も受賞している。

1枚の床材を幅や長さの異なる8枚のピースで構成することで、小径木や曲がり材も利用可能にした

# ピノアース足感フロア

## 感性評価実験を通じて
## 心地よさを見える化したフローリング

内装材

├─────────────┤ プレミアムポイント ├─────────────┤

**株式会社ウッドワン**

☎0120-813-331
https://www.woodone.co.jp/

ピノアース足感フロアは、感性評価実験を通じて床材の心地よさを見える化した床材だ。人の感性評価実験を実施し、表面加工形状が異なる床材から受ける感性をレーダーチャート（足感チャート）にして木の味わいや心地よさを可視化。それぞれの床デザインから受ける感性の特長に基づいたおすすめの住環境をあわせて提案している。

"なんとなく"で語られてきた無垢床材の感性価値を可視化しており、居住者の好みや使用場所（ダイニング、寝室、書斎など）に応じて表面加工形状を選択できるようにしている。

同商品を含む「ピノアースシリーズ」は、同社がニュージーランドで再造林率100％で計画的に植林・育林したラジアータパイン「ニュージーパイン®」を使用し、持続可能な社会の実現にも貢献している。環境への貢献に加えて、素足での"触れ心地"にまでこだわり、その特長を消費者に伝えるための仕組みまで構築した商品だ。

無垢の床材の特徴として、素足で歩いた時の心地よさを挙げる声は少なくない。しかし、こうした感性に訴える商品価値ほど、消費者への訴求が難しいということも事実だ。どうしても抽象的な言葉で表現するしかなく、なかなか効果的にその価値を伝えることができないということも少なくないだろう。ウッドワンがピノアース足感フロアの商品化に当たり具現化した「足感チャート」は、こうした状況に一石を投じるものだ。商品の性能や価格といった数値化しやすい価値に加えて、感性価値をも可視化し、消費者に見える化することで、他の床材では味わうことができない無垢の床材の良さを訴求しようとしている。感性価値に訴えるモノづくりの価値を伝える手法にまで踏み込んだ取り組みである。

**床材から受ける
感性価値を可視化**

広島大学特任教授の農澤隆秀氏、広島大学教授／マテリアルデザイン研究協会理事の栗田雄一氏、一般社団法人感性実装センター（センター長：柏尾浩一郎）上席研究員の小澤真紀子氏との共同研究を通して、床材から受ける人の感性評価実験を実施。表面の加工形状が異なる床材の歩行時や着座時に受けた感覚をアンケート調査し、可視化を行った。

感性評価実験を通じて床材の心地よさを見える化したピノアース足感フロア

 **独自の足感チャートを構築
6つのデザインの感性価値を伝えやすく**

"何となく"で語られてきた無垢の床材の心地良さといった感性価値をレーダーチャート（足感チャート）で示すことで、6つのデザイン（うづくり、タテスジ、オビノコ、ウェーブ、ハンドスクレイプ、スプーン）の特徴を提案できるようにした。足感チャートは、「ぴたっと」、「くっきり」、「シャキッと」、「ほっこり」、「まろやか」という評価軸で構成しており。各床材の感性的な特徴を可視化し、人の感性によりそった「新しいものさし」を形にしている。

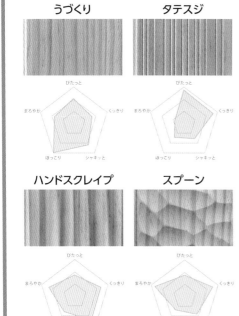

| ぴたっと | ぴったりと足裏にフィットする感覚を楽しめる。 |
|---|---|
| くっきり | 足裏に凹凸を感じる踏みごこちが楽しめる。 |
| シャキッと | すっきりとリフレッシュしたい部屋にとくにおすすめ。 |
| ほっこり | ゆったりとリラックスしたい部屋にとくにおすすめ。 |
| まろやか | ソフトできめ細かい肌ざわりを楽しめる。 |

# 銘樹モクトーン 銘樹モクトーンC

## 10樹種19色柄の豊富なラインナップで天然木の魅力を味わうフローリング

内装材

プレミアムポイント

 永大産業株式会社

☎0120-685-110
https://www.eidai.com/

　銘樹モクトーン、銘樹モクトーンCは、天然木の風合いを生かしながら、豊富なカラーバリエーションを取り揃えたツキ板フローリングだ。

　天然素材の持つ木味や風合いを最大限に引き出すために、独自の塗装法「Eナチュラル塗装」を新たに採用。これにより、耐傷性能や耐キャスター性能などを満たしながら、天然木の質感をより向上させることに成功している。また、塗装表面には抗菌・抗ウイルス加工を施し、SIAA（抗菌製品技術協議会）の認証も取得している。

　クリア系の銘樹モクトーンでは、新樹種のニレやアカシアを含む全10樹種。着色系の銘樹モクトーンCでは、アッシュ・ウォームグレー色やベールオークなど全9色柄をラインアップ。幅広い樹種とカラーで様々なインテリアデザインに合わせることができる。

　なお、両商品ともにフローリング基材に国産針葉樹合板を採用している。

## 記者の目

　インテリアのデザインニーズが多様化する中で、バリエーションが豊富なシートフローリングの人気が高まっている。一方、自然素材などを求める消費者にとっては、無垢材を用いたフローリングに対する憧れも強い。こうした中で、突き板を用いた複合フローリングについては、シートにはない天然木の木肌感を得られ、無垢のフローリングと比べると耐傷性能や耐キャスター性能、抗菌・抗ウイルスなど性能を確保しやすいという特徴を持つ。永大産業の銘樹モクトーンと銘樹モクトーンCは、こうした特徴をさらに強化し、なおかつシートに負けないほどのラインナップを取り揃えた商品である。まさに技術開発によってシートと無垢の"良いとこ取り"を実現したと言ってもいいだろう。

 **独自のEナチュラル塗装で<br>天然木ならではの木肌感を演出**

銘樹モクトーンは、天然木本来の風合い、表情、その魅力を最大限に引き出すことにこだわったクリア系のラインナップ。繊細で緻密な木目が人気の「アッシュ・クリア」や、「ブラックウォールナット」、「ブラックチェリー」、「オーク」といった定番の樹種も取り揃える。2022年10月には個性的な木目が特長の「ニレ」、多様な色合いの「アカシア」をラインアップに加え、全10樹種に。個性豊かな表情の樹種を楽しめる。

 個性的な木目が特長の「ニレ」

どんなインテリアテイストにもなじみやすい暖かみのある「アッシュ・ウォームグレー色」

 **独自の着色技術で<br>新しい魅力と表情を創造**

銘樹モクトーンCでは、天然木のありのままの美しさに、独自の技術で色をのせることで、新しい魅力と表情を創造している。例えば、どんなインテリアテイストにもなじみやすい暖かみのある「アッシュ・ウォームグレー色」や、大きな節や、白太など、天然木の味わいを生かしながら、荒々しくない上品なデザインに仕上げた「ベールオーク」などをラインアップしている。

 **幅広い樹種とカラーで<br>様々なインテリアデザインに対応**

銘樹モクトーンと銘樹モクトーンCを合わせると10樹種・19色柄という豊富なバリエーションを用意している。素材感を活かしたナチュラルな空間から、グレイッシュトーンを基調としたモダンな空間まで、様々なインテリアイメージに沿ったフローリングを選択できる。

## 銘樹モクトーンのラインナップ

| ニレ NEW | アカシア NEW | ブラック ウォールナット | ブラック チェリー | ハード メープル | オーク | アッシュ・ クリア | シカモア | カバ | クリ |

## 銘樹モクトーンCのラインナップ

| アッシュ・ ウォームグレー色 NEW | アッシュ・ ホワイト色 | アッシュ・ ブラングレー色 | アッシュ・ ブランベージュ色 | ブラック ウォールナット・ ディープ色 | ベール オーク NEW | ベール ウォールナット | ベール チェリー | ベール メープル |

# SOLIDO（ソリド）

セメントの質感を生かした内外装建材
光や影、緑と心地良く調和

**内装材**

プレミアムポイント

先進性　独自性　社会性　性能品質　コスパ　デザイン性　施工性　将来性　使い勝手　生産性

## ケイミュー株式会社

☎0570-005-611
https://www.kmew.co.jp

　ケイミューは2017年から、素材そのものの質感を活かした建材シリーズとして「SOLIDO（ソリド）」を展開する。工業製品でありながら、硬化の際にセメントから湧き出す白華（エフロレッセンス）をあえて抑えないことで、自然な風合いに仕上げている。同じものは一つとしてない製品で、白華を帯びたセメント素材は、光や影、緑と心地良く調和する。その風合いは雨や日差しなどの影響を受け、ゆるやかに移り変わる。芯まで同じ材料のため、切断面からも素材そのままの表情を楽しむことができる。

　屋内壁にとどまらず、屋内床、屋外壁まで、ラインアップを拡充。様々な表情の新色も充実する。国内のグッドデザイン・ベスト100をはじめ、（一社）日本商環境デザイン協会が主催するJDC PRODUCT OF THE YEAR、海外のiF DESIGN AWARDなど華々しい受賞歴も持つ。

**記者の目**

　気鋭の建築家たちとの交流を通じてケイミューに投げかけられた「外国と比べて、日本の住宅地の街並みは誇れるものか」、「フェイクではない本物の建築素材を創ってほしい。あなた達が使っているセメントも、木や石、鉄などと同じように本物の素材じゃないか」といった厳しい意見が、SOLIDOシリーズ誕生のきっかけとなった。「窯業サイディングには魅力を感じないが、素材そのものが見えるサイディングの裏側なら使いたい」といった声も寄せられていた。

セメント素材の質感を追求し、これまで均一な品質が求められるメーカーの製品では、発生してはならないと考えられてきた白華をセメント本来の表情として訴求する。建築家をはじめ多くの人のニーズを捉え、大ヒット商品となった。「素材そのものの質感を生かした建材」という新しい潮流を生み出している。

 ## 白華をあえて抑えず
自然な風合いに

セメントらしさを感じるために、打ち放しコンクリートのように、着色塗装しない"solid"（ソリッド）な素材を目指した。セメント製品では、高温蒸気でセメントを硬化させる養生の工程でカルシウム成分が表面に析出する白華（エフロレッセンス）が現れる。表面に白い模様や塊ができる、コンクリート業界ではタブーとされる現象だが、これはセメント素材にしか表現できない味であり、solidな素材を表現するためにもあるがままに受け入れることを決断した。

SOLIDO typeM_LAP鉄黒

SOLIDO typeM　左から錆茶、鉄黒、研磨鉄黒、灰、セメント

外壁材「SOLIDO typeF facade」

 ## 用途も表情も
様々なラインアップが充実

ユーザーの声に応えて、屋内壁にとどまらず、屋内床、屋外壁までラインアップを拡充。様々な表情の新色も充実する。2020年3月、内外装建材のSOLIDO typeMに新色を追加。黒皮鉄と同じ酸化鉄由来の顔料を芯材まで練りこんだ「鉄黒」と、セメント素地の色をそのまま生かした「セメント」の既存の2色に加えて、酸化鉄と、電気炉や火力発電所から発生する石炭灰など、素材の色を生かした「灰」、鉄のさびの色をそのまま生かし、落ち着いた茶の色を表現した「錆茶」を設定した。さらに、表面加工を施した「研磨」も追加。表面を削り出すことで、内部に含まれる石やリサイクル材など、これまで見えていなかった骨材が現れ、新しい素材感が生まれる。

2022年7月には、内装材専用だったSOLIDO typeFに、外壁材「SOLIDO typeF facade」を追加。材料を吟味し、高温高圧の蒸気を加え養生することで、雨風に耐える外壁材に仕上げた。

 ## 多岐にわたる
再生材料を原料に

持続可能な社会への貢献を目指し、多岐にわたる再生材料を原料の一部として使用している。セメントと高温蒸気中で反応させる珪酸質原料については、山から石を掘り出して粉にした珪石粉ではなく、原発が停止してフル稼働している石炭火力発電所から排出される石炭灰（フライアッシュ）を採用した。また、補強繊維として、紙にリサイクルできないような古紙をパルプ化して使用し、工事現場より回収された外壁廃材や工場内で発生した端材などもリサイクルして原材料としている。

例えば、「SOLIDO typeF coffee - リサイクル内装ボード -」の原材料に占める再生材料の比率は約60%で、石炭灰以外は、ほぼ廃棄物を原料として製造されるセメントも含めるとその比率は90%以上となる。

※SOLIDOであっても、使用している材料や再生材料比率は、品種によって異なる。

# ダイケン健やかおもて

和紙をつむいだ「畳おもて」
美しさ長持ちの畳ライフを

プレミアムポイント

 **大建工業株式会社**

☎0120-787-505
https://www.daiken.jp/

　大建工業の「ダイケン健やかおもて」は、イ草の畳に近い質感を再現しつつ、「機械すき和紙」を使用したメンテナンス性に優れる「畳おもて」だ。(一社)繊維評価技術協議会の「抗菌防臭加工」SEKマーク認証(S：清潔、E：衛生、K：快適)を取得しており、イ草の畳と比較してカビやそれを餌とするダニなど害虫の増殖を抑制できるため、長期間安心して使用できる。

　同社は、国産イ草の「畳おもて」の供給量が減少するなか、工業的に安定した「畳おもて」の開発を1989年に開始した。

イ草が持つ独特の形状を基に生み出される外観やクッション性、吸放湿性能などを再現するための研究を重ね、「機械すき和紙」をより状に加工し、樹脂でコーティングする設備の独自開発。1996年には耐摩耗性、耐水性、耐汚染性などの性能がイ草の「畳おもて」よりも大きく向上した製品を開発した。イ草の畳に近い手触り、質感を再現するとともに、豊富な織柄と多彩なカラーバリエーションをそろえ、和室に限らず様々な空間に採用できる。

## 記者の目

　近年、日本独特の生活様式である「床座」スタイルが徐々に再評価されつつある。そのクッション性などから乳幼児を寝かせておける場として畳の有効性が再認識されており、本格的な和室に限らず、洋室の一角に畳コーナーを設ける住宅も増えている。だが、イ草の畳は手入れの面倒さから敬遠する人は少なくない。一方、「ダイケン健やかおもて」は、手入れのしやすさと豊富な色柄が魅力の「畳おもて」となっている。ゆったりと横になったり、落ち着いて座れる「床座」スタイルが見直されるなかで、より使いやすい畳として和紙を使用した「ダイケン健やかおもて」の存在感は高まっていきそうだ。

## 耐久性はイ草の3倍
## カビ、日焼けによる劣化も抑制

「ダイケン健やかおもて」は、表面に樹脂コーティングを施し、こより状に加工した「機械すき和紙」をつむぎ製造することで、現代の住宅に求められる様々な機能性を備える。例えば、優れた耐摩耗性能により、イ草の「畳おもて」に比べて約3倍の耐久性を実現した。また、イ草と比較してカビやそれを餌とするダニの増殖を抑え、長く清潔に使用できる。さらに、撥水性にも優れていることから、水分や汚れの染み込みを防止し、サッと拭くだけの簡単な手入れが可能。加えて、日焼けにも強く、経年による変色も抑制する。

従来のイ草(画像左)はカビやダニの温床になりやすかったが、「ダイケン健やかおもて」(画像右)はそれらを抑制する

「機械すき和紙」をこより状に加工し、樹脂コーティングを施すことで耐久性などを向上させた

## 多彩なカラーをラインアップ
## モダンなインテリアデザインにも調和

「ダイケン健やかおもて」は、高級感溢れるものから汎用性に長けたものまで、多彩な色柄を取り揃えている。例えば、3色の緯糸(よこいと)で編んだ自然感あふれる「穂波」や、緻密でシンプルな美しい折り目を魅力とする「清流」、ツートーンカラーの濃色が個性を際立たせる「清流ストライプ」、洋間にも調和するラグのようなモダンな印象の「小波」などをラインアップしている。豊富なカラーが選択できるため、和の空間からモダンな空間まで様々な表情を楽しめる。

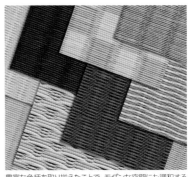

豊富な色柄を取り揃えたことで、モダンな空間にも調和する

## 簡単に施工できる「敷き込みタイプ」と
## ラグ感覚で使える「置き敷きタイプ」も

「ダイケン健やかおもて」を使用した製品も充実する。一般的に、畳の施工は施工業者が現場ごとに寸法を測定し、畳おもてと畳床を組み合わせ加工したものを現場に納めるが、フローリングと同様の12mm厚のインテリア畳「ここち和座 敷き込みタイプ」をラインアップ。フローリングの床下地を下げる必要がないため、手間なく簡単に施工できる。また、フローリングの上にそのまま置くことのできる「ここち和座置き敷きタイプ」も用意し、ラグを置くような気軽さで使用することができる。

ヘリのない正方形の和紙畳を織柄の向きを変えて並べることで市松模様を再現した畳空間も演出可能

3色の緯糸(よこいと)で編んだ自然感ある「穂波」を使用した施工事例

71

# 空気を洗う壁紙®

## 悪臭の原因物質を半永久的に消臭
## 多彩な機能で時代のニーズに対応

内装材

├── プレミアムポイント ┤

 ルノン株式会社

☎03-3492-7341
https://ssl.runon.co.jp/

ルノンの「空気を洗う壁紙」は、表面層に消臭剤「トリプルフレッシュ」をコーティングしており、悪臭を吸着・吸収する。臭いの原因物資を、触媒作用により水と二酸化酸素に分解し、壁紙から放出。このサイクルを半永久的に繰り返す。トイレの臭いの原因となる硫化水素、アンモニアや、たばこの臭いのもとのニコチン、シックハウス対策の規制対象物質ホルムアルデヒドなど全8つの物質に対して繰り返し効果を発揮する。

高い機能と共にデザイン性も併せ持つ。壁紙見本帳「ルノンフレッシュ（2022-2025）」に掲載している「抗菌・撥水コート・表面強化」タイプは、軽微な水性汚れなら素早く拭き取ることで落とすことができる優れたメンテナンス性を持つが、今回トレンドにあわせたデザインリニューアルを行った。

また、日本ならではの四季の色を取り込むなど、琴線に触れるデザインを追求したシリーズ「CRAFTLINE」も、バリエーションを増点。高級感のある織物調の新柄を投入し、抗菌性の機能をプラスした。より美しくハイスペックなシリーズにパワーアップした。

**記者の目**

「空気を洗う壁紙」では、様々な付加価値の商品を取り揃える。例えば、2020年に発売した「空気を洗う壁紙 ストレッチ」は、優れたストレッチ性で、下地の動きやゆがみにより壁紙が割れることを防ぐ。また、空気を洗う壁紙史上初の抗菌性能を付与した。これに続き2022年は「撥水・表面強化タイプ」やCRAFTLINEにも抗菌性能を持たせた。在宅の長時間化に伴い、室内空気環境への意識が高まっている。使用する場所や期待する効果によって幅広い選択肢がある「空気を洗う壁紙」は、活躍の場面を増やしていきそうだ。

 ## 絶え間のない消臭サイクル
## 悪臭の原因を吸着・吸収して分解

「空気を洗う壁紙」にコーティングした「トリプルフレッシュ」の触媒作用により、悪臭の原因物質を吸着し、水と二酸化炭素に分解、壁から放出する。放出後は元の状態に戻り、24時間絶え間なく吸着・分解・再生のサイクルが行われる。ホルムアルデヒド、ニコチン、酢酸、アセトアルデヒド、硫化水素、アンモニア、トリメチルアミン、メチルメルカプタンの8つの原因物資に対して効果を発揮する。

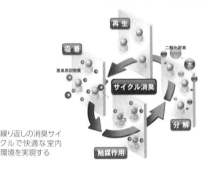

繰り返しの消臭サイクルで快適な室内環境を実現する

 ## 抗菌・撥水コート・表面強化など豊富な付加価値機能

さまざまなプラスαの機能を持つ製品を取り揃える。「抗菌・撥水コート・表面強化」タイプは、壁紙表面に特殊樹脂加工の撥水処理を施しており、滑らかな表面が水分をはじき、表面からの汚れの浸透を軽減する。そのため、日常の軽微な水性汚れなら素早く拭き取ることで落とすことができる。

メンテナンス性に加え、耐久性にも優れる。一般のビニル壁紙に比べて表面強度が高いため、キズがつきにくく破れにくい。すべての商品で表面強化試験をJISで規定する摩擦試験で実施しており、いずれも4級以上の性能を確保している。

| 撥水加工品 | 未加工品 |
|---|---|
|  |  |
| 水分を水玉状にはじく | 水分が全体に広がる |

## より充実したCRAFTLINE
## デザインと機能で、更なる高みへ

日建スペースデザインと共同開発した「CRAFTLINE」は、機能性とデザイン性で癒しの空間を実現。日本人の琴線に触れるようなシーンや伝統工芸をモチーフとした意匠とカラーシステムは、多くの物件で採用、評価を受けている。2022年にシリーズの改定を行い、織物調の新柄には、抗菌性も付与し一層ハイスペックなシリーズへ進化を遂げた。

洗練されたデザインは多くの物件で評価を受ける

# ジョリパット リミュール工法

## シンプルでもさりげない個性と素材感
## デザインへのこだわりに応えるリフォーム工法

├─────┤ プレミアムポイント ├─────┤

先進性　独自性　社会性　性能品質　コスパ　デザイン　施工性　将来性　使い勝手　生産性

**アイカ工業株式会社**

☎0120-525-100
https://www.aica.co.jp/

1975年の発売から45年以上、塗り壁材のパイオニアブランドとして住宅の外装に採用されてきた「ジョリパット」。コテ、スプレー、ローラーなどを用い多彩に表現できることが大きな特徴だが、近年は、住宅リフォーム需要の高まりを受け、改修用トップコートや塗り替え用塗料など改修用途の製品を追加している。

住宅用外装材として窯業系サイディングが多く採用されていることを踏まえて新たに開発したのが、ジョリパットによるサイディング外壁専用の改修工法「ジョリパット リミュール工法」だ。ジョリパットを建築現場で塗って仕上げるため、サイディング特有の継ぎ目をなくし、シームレスなデザインで住宅の外観を刷新できる。水系材料を使用しているため、溶剤を含む塗料の塗り替えに比べて臭気を軽減できる。サイディングの張り替えに比べて産業廃棄物や粉塵、騒音、震動を抑制する。

施工はジョリパット施工店会リフォーム部会の認定施工店が行う。

---

**記者の目**

ストック時代に住宅を長く大切に使い続けることが当たり前に求められるようになるなか、メンテナンスやリフォームの技術開発が活発だ。特に外装材は風雨にさらされることで機能が劣化すると、躯体への悪影響が懸念されるだけに、定期的なメンテナンスや塗り替え・張り替えが重要だ。戸建て住宅で多く採用される窯業系サイディングのリフォームに的を絞って開発した「ジョリパット リミュール工法」は、「ジョリパット」の特徴を生かし、従来の塗り替え・張り替えの課題を解決する新たなリフォーム工法である。産業廃棄物の軽減だけでなく臭気、粉塵、騒音、震動も抑制する。社会資産である既存住宅を住み継いでいくためにも、こうした新たなリフォーム技術の開発が求められる。

Before

After

ジョリパットによる新たな外壁
リフォームの選択肢「ジョリパッ
ト リミュール工法」

## 継ぎ目をなくし 湿式大壁の塗り壁に

既設の窯業系サイディングの上から
塗り壁材「ジョリパット」で仕上げる
ため、サイディング特有の継ぎ目をな
くし、目地のない湿式大壁の塗り壁
仕上げにリニューアル、シームレスな
デザインで外観を刷新することがで
きることが大きなポイントだ。

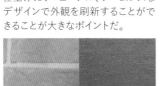
継ぎ目のある窯業系サイディング（左）をシームレ
スに仕上げる（右）

## 低コスト、短工期で 環境にもやさしい

張り替えによるリフォームに比べ、工期を約3分の1、コストを
約40%軽減することができる。サイディングボードの劣化要因
とされる雨水・熱射の影響を抑止し長寿命化を促す。産業廃
棄物の削減にもつながる。
水系材料のため、溶剤を含む塗料の塗り替えに比べて臭気を
抑えられ、既設サイディングの撤去が不要なことから粉塵・騒
音・震動がなく、生活環境への影響を抑制する。
本工法は蒸気透過性・遮水性・断熱性・遮熱性を持つ材料を
使用するため、水分や熱による躯体への負荷を軽減、建物の
耐久性を向上させる。

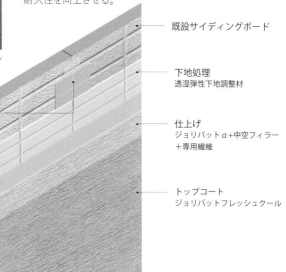

既設サイディングボード

下地処理
透湿弾性下地調整材

目地処理
透湿弾性下地調整材
＋専用骨材
＋補強不織布
＋専用繊維

仕上げ
ジョリパットα＋中空フィラー
＋専用繊維

素地調整
ジョリパットα＋中空フィラー

トップコート
ジョリパットフレッシュクール

目地処理・下地処理を施すことで、既設の
サイディングを剥がすことなく改修が可能

# SP-ガルボウ

## 壁と屋根の一体デザインを容易に
## 性能や施工性にもこだわった金属製外壁材

外装材

├─ プレミアムポイント ┤

先進性　独自性　社会性　性能品質　コスパ　デザイン性　施工性　将来性　使い勝手　生産性

**アイジー工業株式会社**

☎0237-43-1810
https://www.igkogyo.co.jp/

屋根と壁の一体感を出す場合、縦葺きの金属製屋根材を外壁材に使用することが多い。しかし、金属製屋根材を外壁に使用すると、薄い鋼板特有の波打ち感や歪みが出やすいといった問題があった。こうした問題を解消するためSP-ガルボウでは断熱材を裏打ちすることでベコつきや凹みの発生を防止し、洗練されたフラットなデザインを実現している。

「超高耐久ガルバ」を初めてサイディングに採用。切断端部やキズ部で高い腐食抑制効果を発揮し、赤さび15年、穴あき25年の保証を可能にした。

様々な仕様で準防火構造・防火構造・準耐火構造認定も取得。加えて、あらかじめ施工に必要な付属品を用意することで、現場に合わせた付属品の加工工程が少なくなるため、施工コストを大幅に削減できる。

屋根と壁の一体デザインを実現する意匠性だけでなく、性能、施工性などにこだわった金属サイディングとなっている。

## 超高耐久ガルバで実現
## 赤さび15年・穴あき25年保証

超高耐久ガルバは、従来のガルバリウム鋼板（55%アルミニウム-亜鉛合金めっき鋼板）にマグネシウムを2%添加することにより、めっき層を強化している。腐食が起こりやすい切断端部やキズ部などの腐食抑制効果が大きく、厳しい腐食環境下でも高い耐食性を実現した次世代ガルバリウム鋼板だ。これにより、赤さび15年、穴あき25年の保証を可能にした。

屋根と外壁の一体デザインを可能にするSP-ガルボウ

美しいフラットデザインを突き詰めた意匠性

## 屋根との調和を徹底的に追及
## 最大8000㎜までの長さに対応可能

SP-ガルボウの商品化に当たり同社では、鋼板製の金属屋根を使って外壁を仕上げた場合に発生する波打ち感を解消し、外壁としてフラットデザインが美しく、施工品質の安定する工業製品を目指した。壁と屋根一体デザインとした場合の理想的な目地幅、働き幅、縦リブの高さを徹底的に検討し商品化。加えて、屋根と調和した色設定とすることで、設計士やユーザーのこだわりあるイメージを具現化できる外壁材に仕上げている。さらに、表面材を連続成形し、断熱材を裏打ちするための高度かつ精度の高い生産技術により、鋼板特有の波打ち感や歪みを解消し、屋根板金では実現できないフラットデザインに実現している。

長さは標準品が4000㎜だが、受注生産で最大8000㎜まで対応するため、壁全体で継ぎ目のない外観にすることができる。

## 施工負荷の軽減にも貢献

様々な仕様で準防火構造・防火構造・準耐火構造認定を取得している。鋼板屋根材を外壁に使用しようとすると、防火などの問題から屋外側の石膏ボード下張りが必要となる。SP-ガルボウではその必要がなく、施工性の向上に寄与する。また、あらかじめ施工に必要な付属品を用意しており、現場に合わせた付属品の加工工程が少ない。窯業系サイディングに比べ重量が3分の1以下であることもポイントで、施工者にも優しい外壁材である。

# SHiZEN(シゼン)SAND

## シンプルでもさりげない個性と素材感
## デザインへのこだわりに応える外装/内装材

**外装材**

├── プレミアムポイント ──┤

 **旭トステム外装株式会社**

☎0570-001-117(ナビダイヤル)
https://www.asahitostem.co.jp/

デザインにこだわりを持つ建築家やビルダーなどにターゲットを絞り、これまでの窯業系サイディングの延長線上ではない、新しいコンセプトの外装/内装用建築素材として開発した新ブランドの商品が「SHiZEN」だ。「シンプルだけれどもノーマルではない、さりげない個性があるもの」、「シンプルなパネルで素材感があるもの」といったニーズに応えた。

建物のフォルムをより美しく見せるシンプルなデザインが大きな特徴で、木目調やタイル調などのフェイク意匠ではなく、フラットな素材に塗装や仕上げによって表情にアクセントをつける。建築家が手掛けるようなキューブ型住宅での全面使いなどに最適な商品だ。

フラットベースの表面に施した、ふわっとした色ムラが特徴の「OBORO」に続き、2021年に発売した「SAND」は板の表面に砂をちりばめ、よりマットな質感を追求、陽の光をやわらかく映し、暖かな印象を与えるデザインとなっている。

**記者の目**

デザインへのこだわりが強まり、自分らしさを求めるユーザーも増えている。住宅の意匠性はこれまで以上に大きな訴求ポイントだ。デザイン性を強みとする建築家やビルダーは、従来の窯業系サイディングを敬遠する傾向があると言われてきた。木目調、石目調、タイル調など自然素材を模倣するデザインを敬遠し、汎用品として普及していることが逆に個性を出しづらいと捉えられているようだ。

本当に窯業系サイディングで個性を演出することはできないのか——。SHiZENは窯業系サイディングの大きな挑戦といっていい。シンプルであるがゆえに、使い手の自由な発想を喚起する。これまでになかった新しいコンセプトの外装材として、設計事務所やデザイン系ビルダーから高い評価を受けている。

シンプルでさりげない個性が建物を美しくみせる

##  シンプルなデザインで建物を際立たせる

SHiZENは、建物のフォルムをより美しく見せるシンプルなデザインが大きな特徴だ。
第2弾として発売したSANDは、表面に砂をちりばめた、よりマットな質感を追求した仕上げ。暖かな印象を与えることがポイントだ。室内外で連続して使用することで、室内空間の広がりを感じさせるといった使い方も可能だ。カラーはシロサンドの一色。

マットな質感で暖かな印象を持つSAND

##  色あせ・変色に強く、防汚や防カビなど高い機能性も

意匠性にこだわりながらも、機能性に優れる窯業系サイディングの特徴は継承。高耐候フッ素コーティングで色あせ・褪色に強く、セルフクリーニング機能により雨で汚れが流れ落ちる。また、従来品に比べて藻やカビがつきづらい防藻剤・防カビ剤をフッ素コートに配合している。オートクレーブ養生で高耐久・安定品質を実現、優れた寸法安定性で施工性も高い。

##  目地や出隅など細かなディテールにもこだわり

細かなディテールへのこだわりも大きなポイント。従来の窯業系サイディングで培ってきたノウハウを生かし、目地をスッキリと見せるシーリングレス仕様を用意、シーリング目地のメンテナンス負担も軽減する。また、出隅部材としてガルバリウム鋼板製のコーナー部材のオプションも用意しており、出隅部をよりスッキリ、シャープに見せることができる。

室内外で連続して使用することで広がりのある提案も

金属パーツでコーナー部分をすっきりと納めることも可能

# ジョイント立平®

## ジョイントできる立平葺き金属屋根
## 運送面、施工面を改善し、品質安定化に寄与

外装材

├── プレミアムポイント ──┤

先進性　独自性　社会性　性能品質　コスパ　デザイン　施工性　将来性　使い勝手　生産性

### JFE鋼板株式会社

☎03-3493-1557
https://www.jfe-kouhan.co.jp/

「高さ制限をクリアして建設できる」、「居住空間を広く確保しやすい」、「よりシンプルな納まりになり、建築コストも抑制できる」といった特長を持つ立平葺きの金属屋根。縦長の一枚もので、高い防水性と、低勾配に対応できるといった点でも高い評価を得ており、人気が高い。

一方で、明確な施工標準がなく、職人の技能による施工品質のばらつきが指摘されている。工業製品として、一枚ものも多くあるが、「長過ぎるため、長距離輸送、狭小地・狭隘地などへの配送・荷揚げには不向き」、「2人以上の施工が必須」といった運送面や施工面での制約は多い。

ジョイント立平は、立平葺きの金属屋根の欠点を克服し、ジョイント機能を持たせた業界初の嵌合式立平葺き屋根だ。高い防水性能、低勾配対応といった従来の縦葺き金属屋根材の強みを維持したまま、省施工・品質安定化を実現し、より扱いやすい。2021年より、関東と関西に在庫拠点を設立し一般販売を開始している。

## 記者の目

立平葺き金属屋根の強みはそのままに、ジョイント機能を持たせ、運送面、施工面の課題を克服したジョイント立平。発売から6年目を迎え、3300棟を超える物件で採用。面積換算で50万㎡を超え、市場の評価の高さを現している。また発売以来、漏水や飛散は一切発生していない。2020年4月の民法改正により、「瑕疵」という文言が「契約不適合」へと言い換えられた。住宅の品質がこれまで以上に問われる時代になってくる。職人不足が深刻化する中で、いかに職人の属人的な要素を排して安定した品質を確保していくかは、住宅事業者にとって避けて通れない課題だ。運送の効率化、現場施工の省力化、施工品質の安定化に寄与するジョイント立平への注目度はさらに高まっていくだろう。

発売以来、漏水や飛散トラブルはない。沖縄の宮古島の採用事例もあるなど、優れた防水性能、耐風圧性能を備える

荷揚げにクレーン車は不要。瓦上げ機などで対応できる

## 軽トラで狭小地に搬入
## 瓦上げ機で荷揚げ対応可能

従来の立平葺き金属屋根は、長尺品のため大型トラックを用いて運送せざるを得ない。対して、ジョイント立平は、汎用の4t・2tトラック、軽トラックを用いて住宅密集地や狭小地などへの搬入が可能だ。荷揚げにもクレーン車のみならず、瓦上げ機などで対応できるようになり、大型車両に依存しないなど環境配慮の側面を併せもつ。

## 低勾配で高い防水性能を
## 有するジョイント機構
## 施工スピードは従来品と同等以上

屋根の縦方向のジョイント部には、独自の加工、防水シールを施した嵌合方式を採用することで、長尺品同等の高い防水性を確保した。標準施工法を統一的に定め、特別な工具を用いることなく現場で簡単に縦継ぎできる。屋根の横方向の接合部には、従来の長尺品同様、嵌合方式の加工形状を採用した。従来の長尺品は、2人以上で作業することが必須であったが、ジョイント立平では、1人でほぼ従来の長尺品と同じスピードで施工できる。

防水シールは工場で取り付けるため、現場での防止処置は不要。縦方向、横方向のジョイント部分を軽く踏むだけで施工は完了する

## 現場で微調整が可能
## 在庫保持でBCP対応に期待

現場での加工作業も大きく省略化される。調整幅をもたせた「棟包み」と呼ばれる役物を被せることで長さの微調整ができる。また定尺化により在庫保持を可能にした。品質が安定した製品在庫化は住宅事業者のBCP対応に貢献できると期待される。JFE鋼板ではハウスメーカー向けにジョイント立平を在庫販売しており、短納期対応を含めて実現している。昨今では標準2mの定尺品の一般販売も展開している。

現場で微調整して納めることが可能なため在庫生産を実現。万一、現場で製品を損傷させても素早くリカバリー対応できる

# スーパートライ美軽

時代のニーズに合わせて進化した防災瓦
耐久性、高級感はそのままに軽量化を実現

外装材

├─ プレミアムポイント ─┤

**株式会社鶴弥**

☎0569-29-4999
https://www.try110.com/

創業130年余の歴史を持ち、国内の粘土瓦総生産数のおよそ8割を占める三州瓦においてトップシェアを誇る鶴弥は、付加価値を高めたものづくりにより新たな需要開拓を進める。20年以上前に業界に先駆けて「防災瓦」を開発。防災瓦は、土葺き工法のように重い土を使わず、屋根重量を半分程度に軽量化した。また、上下の瓦同士をフックで固定し、さらに瓦をクギで固定するスーパーロック工法を採用することで、大地震の揺れや台風の強風に煽られてもズレや飛散を防止する機能を持たせる。加えて、屋根の棟部分を金具やクギなどでしっかり固定するガイドライン工法を順守する。

こうしたノウハウを生かし、陶板を現在の住宅に求められる形に進化させたのが、フラットタイプの陶板屋根材「スーパートライ美軽」だ。より軽さを求めるニーズに対応して、陶板を中空構造にすることで耐久性、高級感はそのままに軽量化を実現した。

記者の目 地震や台風などが頻発する中で、瓦は「重く災害に弱い」といったイメージが広がっている。実際には、瓦はガイドライン工法を順守するなどの取り組みを行えば、大地震の揺れや台風の強風に煽られてもズレや飛散は防止できる。しかし、誤解などにより採用が減っていることは事実だ。鶴弥は、粘土瓦の最大手メーカーとして、災害に強い防災瓦の開発、普及に力を入れてきた。そうした取り組みの中から、生まれたヒット商品が「スーパートライ美軽」だ。陶器瓦の素材、耐久性、高級感はそのままに、軽量化を実現。焼き物ならではの自然な風合いの美しさが続く。塗装で着色していないため、塗り替えのメンテナンスコストも発生しない。住宅の長寿命化を支える屋根材として支持を集め、販売を伸ばしている。

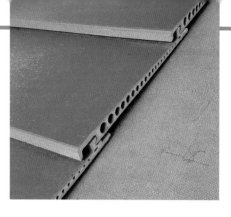

 ## スマートな高級感
## 中空構造で28%軽量化

陶板を中空構造にすることで、屋根材の重量は31.0kg/㎡。従来の陶器瓦と比べて約28%の軽量化を実現している。また、瓦や茶碗などと同じく陶器の屋根材であり、高温で焼きしめるので、紫外線・酸性雨などによる色落ちや劣化がおこらない。自然な風合いの美しさが持続する。屋根の塗り替えコスト不要で、他の屋根材に比べてメンテナンスコストを大幅に削減できる。

 ## アンダージョイント工法で
## 施工性と意匠性を向上

2021年6月のリニューアルで、新たに「アンダージョイント工法」を採用した。瓦自体に引っ掛かりとなる爪を設け、ピス止めすることで、瓦同士を固定することにより、EPSマット、固定金具、桟木を使用せず、シンプルに施工できる。また、横の継ぎ目も目立ちにくくなり、スマートな見た目を演出。意匠性の面では、下部に向かって厚みを持たせる形状にしたことで、より高級感を持たせた。

 ## 防水性と
## 耐風性を高める

新採用の「アンダージョイント工法」により、防水性と耐風性も高めた。瓦と瓦の引っ掛かりはしっかりとしたうえで、引っ掛かり部分にわずかに空気が循環するスペースを用意。これにより、空気が入り込むことで、毛細管現象を軽減させ、高い防水性を実現する。また、耐風性については、46m/s地区にも対応可能な性能を持つ。

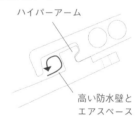

ハイパーアーム

高い防水壁と
エアスペース

 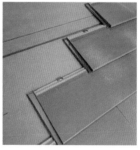

 ## 屋根材のプレカット化も推進
## 施工の簡略化、再資源化に寄与

スーパートライ美軽など、屋根材のフルプレカット化も進める。寄棟(よせむね)屋根限定で、事前に製品(粘土瓦)を特定の寸法にカットするプレカットラインを2006年3月から導入し、施工現場で発生する廃材を削減する。さらに精度の高い、1棟毎にカット寸法を計算し、事前カットして現場に納入するフルプレカットシステムを導入し受注を2023年4月から開始する。事前に取引先から提供された図面を基に、必要な寸法データを自動で積算し、そのデータを元にカットを行う。施工の簡略化、作業環境の改善に加え、運搬にかかる$CO_2$削減、再資源化の推進といった効果も期待できる。

# Fu-ge（フュージェ）プレミアム

超高耐候外装材で美しさが長持ち
変色・褪色30年保証でライフサイクルコストを低減

**外装材**

プレミアムポイント

 **ニチハ株式会社**

☎052-220-5125
https://www.nichiha.co.jp/

窯業系サイディングのトップメーカーのニチハの主力商品である「モエンエクセラード」シリーズのなかでも絶大な人気を博すのが「Fu-ge（フュージェ）プレミアム」だ。四方合いじゃくりによるシーリングレス化を実現した6尺品で、シーリング切れや黒ずみ汚れの心配もなくサイディング同士の継ぎ目が目立たないことが大きな特徴。シームレスによる一体感のある仕上がりが大きな評価を受けている。

超高耐候塗料「プラチナコート30」などの開発により初期の美観を長期にわたり維持するだけでなく、Fu-geならではの仕上がりの美しさに加え、変色・褪色30年保証対応を可能とする。この美しさと耐久性の両立の実現により、メンテナンスコストを大幅に削減し、建物のライフサイクルコストの削減に大きく寄与する。

また、木材を製材する際に発生する端材などを原材料として活用する「オフセットサイディング」であることも、環境時代の大きなアドバンテージとなっている。

**記者の目**

住宅を長く大切に使い続けることが当たり前に求められている。そのなかで重要視されるのが建材など住宅を構成する部資材の耐久性だ。高い耐久性を持つ建材はメンテナンスの手間を抑え、住宅のライフサイクルコストを削減することにつながる。外壁材は住宅を日射や風雨などから守る役割を持つと同時に、住宅の意匠性を大きく左右する建材だけに、高い耐候性を持つことは大きな魅力となる。「プレミアムシリーズ」は、業界初の"変色・褪色30年保証"を打ち出した商品。同社の試算によると一般的な塗装品・汎用シーリングの場合に比べ約30年間のメンテナンスコストを約290万円も抑えられるという。住宅の長寿命化にはこうした視点で開発した商品の採用が求められよう。

**無機＋有機の塗料の良いとこどりで超高耐候性を実現**

無機塗料と有機塗料をバランスよく配合した超高耐候塗料「プラチナコート30」が変色・褪色の経年変化を大きく抑える。一般的に無機塗料は色褪せには強いがヒビ割れが起こりやすく、そこから雨水が浸入、紫外線による劣化を促進させ、塗装面を痛めることがある。そこで有機塗料のしなやかさを生かして塗膜のヒビ割れにも強くした。変色・褪色が目立ちにくいことから、一般的な塗装品に比べ塗り替え時期を大幅に伸ばすことが可能だ。さらに独自の高耐候シーリング材「プラチナシール」や「ドライジョイント工法」の採用で、シーリングの打ち替えなどのコスト負担を大幅に減らすことができる。

**厳しい基準を設定した独自の促進耐候性試験で「プラチナコート30」の変色・褪色の経年変化を検証**

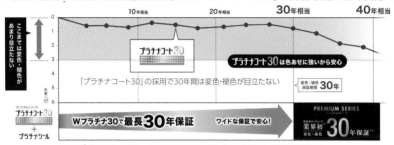

※上記は「プラチナコート30」の一例をグラフにしめしたもの。商品の濃淡によって色差の値は変わる。
※住宅の地域、環境や使用条件によって状況は異なる。メンテナンススケジュールについては住宅事業者様または工務店様にご相談を。
※1 2017年11月時点。
※2 沖縄県の物件を除く。保証書発行には諸条件をクリアする必要がある。

 **30坪の住宅1棟の採用でCO₂を800kg固定**

「Fu-ge プレミアム」は、木材を製材する際に発生する端材などを木材のチップに加工したものを基材の原材料に活用する「オフセットサイディング」であり、原材料の体積比率で50％以上が国産材という脱炭素化に貢献する外壁材だ。延床面積30坪の住宅1棟にオフセットサイディングを使用した時の$CO_2$固定量は約800kgに達する。ニチハはオフセットサイディングを採用した施主に$CO_2$固定量証明書を発行することで環境貢献の見える化（実感）も行っている。

**森林資源の循環利用（イメージ）**

木材の端材を基材に活用、森林資源の有効活用に貢献する

**育てる**
木々が$CO_2$を吸収して Cに変え、生長（光合成）→地球温暖化を抑制

**植える**
日本の森林の40％は人の手で育てられる育成林

**間伐**
適切に伐採して環境を整える→森林の保全

**主伐**
木材として育てた木を伐採する

 **使う**
国産木材を使った製品

 **目地が目立たずすっきり美しい外観**

シーリングレスを可能とする「四方合いじゃくり」加工により、サイディングの継ぎ目が目立たないすっきりとした意匠を実現する。雨で汚れを落とすセルフクリーニング機能も備えており、より長く美しい外観を維持する。

**OS** オフセットサイディング
国産材を補強繊維とした、張るだけで環境貢献できる外壁材

**国産材マーク**
製品本体に含まれる国産木材を体積比率50％以上使用した製品に表示
マーク使用許諾：一般社団法人 全国木材組合連合会

# デネブエアルーフ

## 長持ち・安心な立平金属屋根材
## 通気機能で木材の劣化リスクを低減

外装材

├ プレミアムポイント ┤

 株式会社ハウゼコ

☎06-4963-8266
https://hauseco.jp/

通気・換気部材を製造・販売するハウゼコが「屋根の50年の耐久性」を目指して開発した金属屋根が、同社初となる通気立平葺き金属屋根材「デネブエアルーフ」である。

住宅の屋根への金属屋根の採用が急速に高まり、今やスレート瓦、粘土瓦を抜いてシェアトップとなった。金属屋根材は、透湿抵抗が高い野地板やアスファルトルーフィングに密着して施工することが特徴。スレート瓦や粘土瓦は野地板との間に多少の隙間があるが、金属屋根材は隙間がなく、毛細管現象により軒先、野地合板などに雨水が浸入しやすい。溜った水分が排出されなければ、野地板上面の水分により下地材や野地合板が腐ってしまうこともある。特に0.5寸から対応できる立平葺き金属屋根材は雨水が滞留しやすく、劣化リスクが高まるので注意が必要だ。

こうした課題を受けて開発したのが「デネブエアルーフ」だ。野地板上面に空気の層を作ることで野地板上面の含水率を20%以下に抑え、木材の劣化リスクを低減する。

## 記者の目

木造住宅の工事事業者には金属屋根における軒先や野地合板の腐朽リスクについての知見が乏しい者も多く、実際にトラブルも少なくない。こうした事故を防ぐために「デネブエアルーフ」は大きな効果を発揮する。近年、自然災害が多発しているが、大型台風などで立平葺き金属屋根材が軒先から吹き飛ばされる被害が発生している。その要因の一つが軒先、野地合板の腐朽により屋根材を固定する釘の保持力が弱まったことが指摘されている。

住宅を長く大切に使い続けるために、また、自然災害の被害を軽減するためにも「デネブエアルーフ」の必要性は高いと言えそうだ。

デネブエアルーフを採用した大阪府高槻市のY邸

 ## 通気リブと透湿ルーフィングで<br>木材の含水率を20%以下に

木材は含水率が20%以上になると腐朽菌が活発化し劣化リスクが高まる。デネブエアルーフは、独自の形状に加工した通気リブと、野地合板の上に施工する透湿ルーフィングの組み合わせで、野地板上面の湿気を運ぶ空気層をつくり、野地板上面を乾燥状態に保ち、腐朽リスクを低減する。

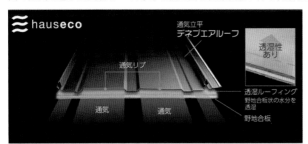

独自の通気リブによる空気層が湿気を逃がし野地板上面を乾燥状態に保つ

一般的な立平葺き金属屋根と、通気層を持つデネブエアルーフの試験体で野地板上面の含水率を測定したところ、一般的な立平葺き金属屋根は含水率20〜80％の高湿状態で推移し、劣化リスクが高いことが判明した。一方、デネブエアルーフは含水率20%以下で推移し、木材の耐久性向上に寄与していることが分かった。

## 軒先換気部材、換気棟を組み合わせ<br>屋根・小屋裏の耐久性をさらに向上

軒裏換気部材、換気棟などを組み合わせることで、屋根、小屋裏全体の耐久性をさらに高めることができる。ハウゼコは、デネブエアルーフと併用できる軒先換気部材「通気立平用デネブ」、通気立平換気棟「スピカBT」を用意する。これらを併用することで、軒先からの通気が野地板間の通気層を流れ、換気棟から排出され、「軒先→野地板上面→棟」へと連続して通気・換気することができる。

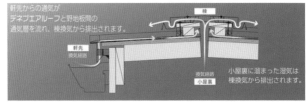

デネブエアルーフと併用できる軒先換気部材、換気棟も用意

# シャノンウインドSPG

## ガラス、フレームに独自技術を採用
## 国内最高クラスUw値0.52の樹脂サッシ

├── プレミアムポイント ┤

 株式会社エクセルシャノン

☎03-3527-2561
https://www.excelshanon.co.jp/

樹脂サッシ専業メーカーである同社のフラグシップに位置付けられる樹脂サッシが、「シャノンウインドSPG」だ。Uw値は、縦すべり出し窓（連窓）で0.52W/（㎡・K）、FIX窓で0.47W/（㎡・K）と国内樹脂サッシ最高クラスの性能を保持。

驚異的な断熱性能の実現に欠かせないのが真空断熱トリプルガラスの存在だ。真空断熱ガラス「Glavenir（グラベニール）」（パナソニック製）と高透過Low-Eガラス「ESクリアスーパー」を組み合わせ

ており、Ug値は0.29W/（㎡・K）。単板ガラスの約20倍、複層ガラスの約10倍、クリプトンガス入りトリプルLow-Eガラスと比べても約2倍の断熱性能を持つ。

また、樹脂フレームには同社独自の技術が採用されている。樹脂フレーム内部に熱伝導率の低い断熱材を充填し、センターシールでキャビティ部と呼ばれる枠と障子の空隙を分断することで空気の対流による伝熱を抑制した。フレーム部分の温度が下がりにくく、防露性も高い。

## 記者の目

新築住宅への高断熱窓（アルミ樹脂複合サッシ、樹脂サッシの合計）のシェアは9割を超えているが、注目したいのは、2021年度の材質別構成比（日本サッシ協会「住宅建材使用状況調査」）においてアルミ樹脂複合が65.6%で前年比1.9ポイントと微減しているのに対し、樹脂は25.9%で同3.6ポイント増と継続してシェアを伸ばしている点だ。現状では

アルミ樹脂複合のシェアが大きいものの、今後さらなる断熱性能が求められていくなかで、樹脂サッシがあたりまえの時代が到来する可能性は大いに考えられる。2022年10月に、ZEH水準を上回る住宅性能表示制度の断熱等性能等級の等級6、7が創設されたが、上位等級に挑戦するうえで「シャノンウインドSPG」は強力な武器となる。

##  Uw値0.52
## 壁を超える断熱性能

真空断熱ガラス+高透過Low-Eガラスを組み合わせた
真空断熱トリプルガラスと、フレームに断熱材を充填す
るという独自技術でUw0.52W/(㎡·K)(縦すべり出し窓)
を達成。これはH28省エネ基準3～7地域の外壁の断熱
性能であるU値0.53W/(㎡·K)を上回り、外壁の断熱性
能と同等以上ということになる。

フレーム部分に断熱材を充填し、センターシールでキャビ
ティ部を分断したことで、高い防露性を確保。室温21℃、
湿度50%の場合、露点温度(結露発生温度)は10.3℃だ
が、シャノンウインドSPGは外気温がマイナス20℃の場
合でも、一番低い障子の付け根部分の表面温度が10.68
℃と露点温度を上回っている。

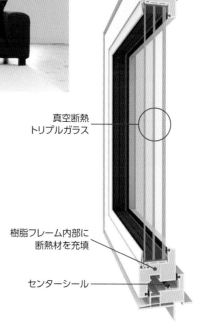

真空断熱
トリプルガラス

樹脂フレーム内部に
断熱材を充填

センターシール

##  ワンランク上の遮音性能
## T-2等級で穏やかな暮らしに

遮音性はT-2等級。100～5000Hzの平均音圧レ
ベル差は35.1dB。例えば、街中の騒音75dBを静
かな公園の40dB程度にまで下げるため、快適に
過ごすことができる。

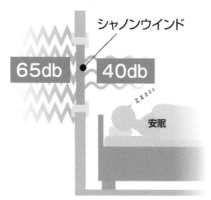

シャノンウインド

65db　40db

安眠

##  高透過Low-Eガラスによる
## 優れた可視光透過率

真空断熱トリプルガラスはガラス4枚の仕様なが
ら、高透過Low-Eガラスを採用しているため、従
来のトリプルガラスよりも高い可視透過率で、ク
リアな視界を実現した。

トリプルLow-Eガラス
(グリーンタイプ)

真空断熱トリプルガラス

# 木製クワトロサッシ

もはや開口部は弱点ではない
世界トップレベルの断熱性能を備えた木製窓

開口部材

├ プレミアムポイント ├

キマド株式会社／一般社団法人木創研

☎076-439-8111
http://www.kimado.co.jp/
http://www.iceice.com/mokusouken/

　住宅の温熱環境を改善するうえで弱点となることが多い開口部。最近では高性能窓が相次いで市場に投入され、その弱点も克服されつつある。次々と発売される高性能窓の中でも、その性能の高さで一歩先を行くのが、キマドと中村勉総合計画事務所が共同開発した木製クワトロサッシだ。2枚の木製の障子それぞれにペアガラスを装着してガラスを4枚とした構造で、2枚の障子が連動して開閉する。熱貫流率は、高性能住宅の壁と同等の世界最高水準の0.51W/㎡・Kを誇る。まさに世界トップレベルの窓であり、もはや「窓が弱点」という常識さえ覆す商品である。また、遮炎、遮音、水密、気密、耐風圧などでも高い性能を備えている。外面を防腐構造対応でき、浴室に使える高耐久木材を使用した製品も揃える。外開き、突出し、内開き、内倒し、両開き、FIX の6種をラインアップ。2枚の障子が連動しないことで清掃性を高めた「クワトロコンビ」も用意、様々なニーズに対応する。

## 記者の目

　住宅の断熱性能を向上する上で、最大の弱点となるのが窓だ。逆に言えば、窓の断熱性能が向上することで、日本の住宅の省エネ性能は飛躍的に改善されると言っても過言ではない。壁と同等の断熱性能を持つ木製クワトロサッシは、「もはや窓は熱的な弱点ではない」という言葉を形にした商品だ。断熱性能競争が激化する中で、開口面積をできるだけ少なくして、容易に断熱性能を高めようという動きも見られる。その結果、断熱性能の向上と反比例するように、住み心地が低下してしまうという懸念もある。木製クアトロサッシであれば、こうした問題も解決できる。さらに言うと、建材などの製造時の$CO_2$排出量を削減することが求められる中で、木製であるということが今後大きなメリットになる可能性もある。

## 世界に誇れる断熱性能を実現
## 熱貫流率は0.51W/㎡·k

木製クワトロサッシの最大の特徴は、4枚ガラスと熱伝導率が低い木材を部材として採用することで、世界最高水準の断熱性能（熱貫流率0.51W/㎡·k）を実現していること。北海道エリアで樹脂サッシ（Low-E複層ガラス）を使用した場合よりも年間の冷暖房費を約25％抑えられ、関東エリアや九州エリアでもアルミサッシ（Low-E複層ガラス）よりも約2割抑えることができるという。断熱性能以外の性能も優れている。遮炎性能は防火設備認定20分を取得、遮音性能は防音室レベルのT−4。水密、気密、耐風圧性能などにも優れる。耐久性も高く、外面を防腐構造対応できる他、浴室に使える高耐久木材を使用した製品も揃える。

クワトロクラシックの連窓

4枚のガラスと木材を採用

## ZEH·ZEBへの近道
## 大開口でも心配なし

木製クワトロサッシを採用することで、ZEHやZEBを実現する近道が得られるが、断熱性能の低下を心配することなく大開口を設けることができることも特筆すべき点だ。実際に木製クワトロサッシを採用することで、ZEB·ZEHでありながら大開口を設けている実例が登場してきており、断熱性能の向上と自然採光の活用や眺望の確保などを両立している。

大きな窓で開放的なフリーアドレスの執務室

## パッシブ型ゼロエネハウスを追求
## 現場で後付けできる断熱窓を開発

（一社）木創研は、「木」と「自然力」を生かした「パッシブ型ゼロエネルギーハウス」を創造し、低炭素社会の実現と、次世代のための木の文化の創造を目的とする研究開発を進める。パッシブ型ゼロエネハウス、床下空調の特徴を生かした自然通風により、コロナウイルスにも強い家を「木創研の家」と呼び、スマートソーラーと協働し、「木創研オフグリッドシステム」を開発した。壁と同じ断熱性能に加え、最高レベルの気密、遮音、水密性能を備えたクワトロサッシを採用。高い外皮性能をベースに、蓄電池・給湯タンクなどを生かして、必要なエネルギーは自給しながら、エネルギー的にほぼ自立した住宅を実現する。

また、キマダは現場で後付けしてクワトロサッシを実現できる断熱補強窓も開発した。既存の窓の外側にも取付け可能なシステムである。

「OFF-GRID木更津の家」。クワトロサッシだからこそ、H3.5m、W9.3mの大開口を実現できた

既存の窓の外側に取付けてクワトロサッシを実現できる断熱窓を開発

# マドモア耐風ガード
## スクリーンGⅡタイプ 防火仕様

**開口部材**

### 耐風、防火性を兼ね備える窓シャッター
### 土間・バルコニー納まりで業界初の防火認定

 プレミアムポイント

先進性 独自性 社会性 性能品質 コスパ デザイン 施工性 将来性 使い勝手 生産性

**三和シヤッター工業株式会社**

☎03-3346-3011
https://www.sanwa-ss.co.jp

大型台風が各地で猛威を振るい、住宅では強風による飛来物でガラスが割れて家財に甚大な被害を生むケースが増えている。

こうしたなかで採用が増えているのが窓用シャッター。なかでも2020年に三和シヤッター工業が発売した「マドモア耐風ガード」は、業界最大の耐風圧強度を持ち、最大耐風圧（負圧）2400Paの強度を確保※。2022年には、強風対策として要望の強かった2階以上のバルコニーや1階土間への設置を可能とする「マドモア耐風ガード スクリーン S タイプ」の土間・バルコニー納まりを追加した。

さらに「マドモア耐風ガード スクリーンGⅡタイプ」防火仕様において、土間・バルコニー納まりで業界初の防火認定を取得した。これにより防火・準防火地域であっても、土間やバルコニーに透明ガラスの非防火仕様サッシを使用することができるようになり、視界がスッキリとした開放感のある眺望を確保することができる。

※2022年4月現在 三和シヤッター工業調べ

 **記者の目**

防火・準防火地域においては、延焼の恐れがある部分の開口部には防火設備の設置が義務付けられている。

そのため一般的に防火仕様のサッシには網入りガラスが設置されるが、しかし、特にバルコニーの窓などでの網入りガラスは眺望性を阻害し、居住性を損なうことから、できれば使いたくないもの。GⅡタイプ防火仕様は、台風災害への備えという安全性の向上で安心を提供するとともに、防火・準防火地域における眺望性を両立することができる窓シャッターなのである。

防犯性や台風災害への備えなどから採用が広がる窓シャッターは、遮音性や遮光性の向上も期待できる。暮らしの快適性を高める提案が増えていきそうだ。

## 最大耐風圧1800Paで
## 強風・飛来物から住まいを守る

「マドモア耐風ガード スクリーンGIIタイプ」土間・バルコニー納まりは、最大耐風圧（負圧）1800Pa※と、風速76m/s時の風圧（負圧）相当にも耐える強度を確保する。レール下地枠に専用の補強材を追加することで高い耐風圧性能を確保した。

強風時の飛来物による窓ガラスの破損は住まいや家財に甚大な被害を与えるだけに、特に2階以上のバルコニーなどには強い強度を持つ窓シャッターの採用が求められる。

※TW2300mm以下の場合。
　TW3115以下の場合は1200Pa

**台風などの強風による
飛来物で窓ガラスが
破壊されると…**

### Caution 1
窓から吹き込んだ強風で
天井や屋根が吹き上げられる！

### Caution 2
家の中にガラスの破片が
散乱し危険な状態に！

### Caution 3
吹き込んだ雨が腐食やカビの
発生を招き修理費用が高額に！

 ## 業界初！ 土間・バルコニー納まりで防火認定を取得

土間・バルコニー納まりの窓シャッターで、業界初の防火認定を取得。延焼のおそれがある開口部でも、GIIタイプ防火仕様の設置で、網入りガラスを使用する防火仕様サッシの設置が不要で、スッキリとした開放感のある空間を実現できる。

また、バルコニーの床仕上げに採用されることが多いFRP防水層を傷つけず設置可能なことも大きな特長だ。

「マドモア耐風ガード スクリーンGIIタイプ」防火仕様 土間・バルコニー納まりは、「2022年"超"モノづくり部品大賞」（主催：モノづくり日本会議、日刊工業新聞社）において奨励賞を受賞。

専用の補強材を
追加し強度アップ

水切板（下端の横部材）
がなく見た目がスッキリ。
ビス固定が不要なため
FRP防水層を傷つけない

水切板のビス固定が不要で、FRP防水層を傷つけることもない

# フラムヴェスタ

## 上質さを演出する住宅用オーバースライディングドア
## 防火地域の車2台分ガレージに設置可能

開口部材

プレミアムポイント

文化シヤッター株式会社

☎0570-666-670
https://www.bunka-s.co.jp/

文化シヤッターの住宅用オーバースライディングドア「フラムヴェスタ」は、車2台分の開口幅の住宅用ガレージに対応するオーバースライディングドア。

ガレージシャッターは、大きく巻取り式とオーバースライディングドアに分かれる。

巻取り式では、シャッターを巻取りながら収納する構造で、収納ボックスはガレージの開口の高さに合わせて施工を行うが、オーバースライディングドアはその必要がない。また、オーバースライディングドア

がより上質なデザインを実現できるといった特徴も備えている。

各社とも従来の住宅用オーバースライディングドアでは防火設備仕様は用意しているものの、1台が駐車できる開口幅までしか対応できていなかった。

「フラムヴェスタ」は、こうした問題を解消、建設省告示第1360号に基づく例示仕様に対応。防火地域でも、車2台分のガレージに設置することを業界で初めて可能にした。

## 記者の目

より高級感のある住宅外観の演出に貢献するオーバースライディングドアタイプのガレージシャッター。そのため、特に都市部の高級住宅などに利用されることが多い。しかし、防火規制の問題から、車2台分の開口幅を確保することが難しく、仕方なく巻取り式のシャッターが採用されるケースも多いという。こうした問題を解消したのが、文化シヤッター

の「フラムヴェスタ」だ。
新たに開発したスチール材とアルミ材の新パネル構造によって、防火性能の向上に成功。最大開口6m、車2台分のガレージに設置できるようになった。
木目鋼板などによる意匠性の高さも特徴であり、高級住宅に相応しいデザイン性を備えている。

車2台分の開口幅の住宅用ガレージに対応する住宅用
オーバースライディングドア「フラムヴェスタ」

## 住宅外観の高級感を演出する
## フラットデザインパネル

本体のパネルは屋外側がフラットデザインのカラー鋼板、屋内側にアルミニウム合金押出形材を採用。カラー鋼板は全4色のうち、2色の木目鋼板を取り揃えた意匠性の高いデザインとなっており、高級感溢れる住宅の外観デザインにも調和する。

## スチールとアルミの
## 複合パネルで
## 最大開口幅6mを実現

文化シヤッターは、住宅用オーバースライディングドア「フラットピット」で防火設備仕様を用意していたが、防火個別認定試験において、一台駐車できる開口幅までしか対応していなかった。そこでスチール材とアルミ材の新パネル構造を開発し、シャッターの防火性能を向上することに成功した。この新パネル構造を採用した「フラムヴェスタ」は、建設省告示第1360号に基づく例示仕様に対応しており、防火地域であっても最大開口6m、車2台分のガレージに設置することを業界で初めて可能にした。

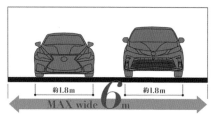

## 安全性や操作性でも
## 先進の配慮を施す

独自のパネル構造によって優れた耐風圧性能を実現しており、正圧・負圧ともに800Paと同社のガレージシャッターシリーズの中でも上位クラスの性能を備えている。

加えて、安全装置としてガイドレールに内蔵された感知エリアの広い"非接触多光軸センサ"を標準装備。オーバースライディングドアの降下線上に車などの障害物を感知した場合、オーバースライディングドアは障害物に接触することなく直ちに停止し、反転上昇する。

同社専用のアプリケーションをスマートフォンにインストールすることで、屋内や外出先から遠隔操作ができる「防火設備スマートタイプ」も用意するなど、IoT化による操作性の向上なども図っている。

スマートフォンを使った遠隔操作も可能

# 樹脂窓 EW

独メーカーの知見を取り込み
環境配慮の先端を行く樹脂窓

開口部材

├─ プレミアムポイント ─┤

 株式会社LIXIL

☎0120-126-001
https://www.lixil.co.jp/

　LIXILは、2026年3月期までに高性能窓（熱貫流率2.33W/（㎡・K）以下の製品）比率100％を掲げている。2021年3月期の74％から高性能窓比率100％達成に向け、すべての窓シリーズ（アルミ窓、ハイブリッド窓、樹脂窓）の高性能化を推進する。

　その一環として2021年8月、樹脂窓「EW」を発売した。トリプルガラス仕様では世界トップクラスの断熱性能（熱貫流率0.79W/（㎡・K））[1]を達成している。また、EWの特筆すべき点は、資源の循環利用の観点からモノづくりを考え、プラスチックのリサイクルに配慮している点だ。環境先進国ドイツのプロファイン社から学び共同で開発。製造工程で発生する樹脂の「端材」を再利用するシステムを構築し、引違い窓の樹脂フレームのリサイクル材使用率を従来品の約3倍[2]に拡大している。

## 記者の目

　廃棄物の中でも建設系廃棄物の処理は難しいと言われている。工場の中で分別して廃棄物処理工場に持ち込むことが可能だが、住宅などを解体して発生する建設系廃棄物は、様々なものが混じり合い、分別することが難しいためだ。現状、樹脂サッシは住宅の解体時のリサイクルの仕組みが確立されておらず、多くは産業廃棄物として処理されている。しかし、住宅高性能化のニーズに高まりで採用が増加する中、今後、樹脂サッシをリサイクルし、資源を循環させる取り組みが求められる。こうした状況に一石を投じようとLIXILが開発したのがEWだ。真の意味でSDGsに貢献していくために、メーカーには、商品の販売から50年後、どのように寿命を終え、リサイクルされるのかまで見据えた商品開発が求められている。EWはリサイクル樹脂サッシの先駆けとなる商品として注目を集めそうだ。

---

※1 縦すべり出し窓（TF）16513トリプルガラス（クリプトンガス入り）内外Low-Eグリーン（3-12-3-12-3）アングル付・アングルなし（アングル付同等納まり）
JIS A4710-2004による同社内試験値
※2 従来品引違い窓とEW引違い窓S仕様の比較

## 樹脂窓としての確かな性能
## 気密・水密・耐風圧も

多層ホーロー構造や、トリプルガラスの採用に加え、プロファイン社の優れた形材押出技術によりフレームをスリム化、ガラス面積を拡大することで断熱性能を高め、世界トップクラスの断熱性能(0.79W/($m^2$·K))を実現した。この高い断熱性能は、脱炭素化を促進する設備・機器等のうち、$CO_2$削減に最大限の効果をもたらす製品として、2021年度環境省 LD-Tech の認証を取得している。さらに、台風など日本の厳しい気候風土にも配慮し、気密・水密・耐風圧性能を国内最高水準まで高めた。

## デザインで選ぶ樹脂窓
## インテリアに溶け込むフレーム

フレームのデザインにもこだわった。内観色には、木額縁のように景色を切り取る2つの木調色と、内装に馴染みモダンな雰囲気を演出するピュアホワイトを用意。洗練されたデザインで"情緒的価値"を訴求する。

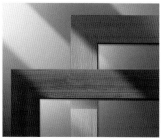

## 樹脂フレームに従来比約3倍の
## リサイクル材を使用

資源の循環利用に向け、樹脂フレームのリサイクル材使用率を従来品から約3倍[2]に拡大した。加えて、樹脂フレームとガラスの分離回収が容易にできる「押縁仕様」を採用し、資源の再利用を進める。また、樹脂形材と同時に再生利用ができる樹脂ラッピング材も使用している。将来的には行政とも連携をとり、官民一体となって樹脂窓のリサイクルシステムを構築し、市中回収材の再利用を含めリサイクルの最大化を目指す。

# リプラス 高断熱汎用枠

## トリプルガラスのハイブリッド取替窓
## 単板ガラスの窓に比べ熱流出を80％抑制

**開口部材**

┤プレミアムポイント├

 **株式会社LIXIL**

☎0120-126-001
https://www.lixil.co.jp/

「リプラス 高断熱汎用枠」は、既存窓を、約半日※1でトリプルガラスの高性能ハイブリッド窓（熱貫流率1.23W/(㎡・K)※2）にリフォームできる取替窓だ。トリプルガラスへ変更することで、単板ガラスの窓に比べ熱流出を80％抑えることができ住宅の省エネ化に貢献する。

専用設定している新設サッシはアルミと樹脂のハイブリッドで、樹脂窓と同等の断熱性能を実現。室内側と室外側にLow-Eガラスを採用し、中空層には熱伝導率の低いクリプトンガス/アルゴンガスを封入した。

また、ハイブリッド窓の特長であるスリムフレームにより、1窓だけ取替えた際も、家の外観に違和感なく溶け込む。メーカーやシリーズを問わず様々な種類の既設窓に対応している。

**記者の目**

2022年12月、政府が冬としては7年ぶりとなる節電要請を実施した。コロナ禍での住宅の電気使用量の増加や、ウクライナ情勢によるエネルギー入手への懸念などが原因だ。こうしたエネルギー危機への対応や、脱炭素社会へ向けた取り組みとして政府は、住宅の省エネ化を支援する令和4年度の大型補正予算を計上。エネルギー損失の大きい開口部の断熱改修においては、環境省と経済産業省が合同で予算総額1000億円の補助全制度を創設する。また、住宅の温熱環境が健康に与える影響の医学的エビデンスも蓄積されつつある。「リプラス 高断熱汎用枠」は、トリプルガラスを使用し、高い断熱性を有している。施工にかかる時間は約半日※1。メーカー、シリーズを問わず様々な窓に対応し、リフォームへのハードルが低い商品だ。住宅の断熱改修市場にかつてない追い風が吹くなか、住まい手の負担の少ない同商品への注目度が高まりそうだ。

※1 現場の状況により異なります。
※2 縦すべり出し窓（グレモン）TF トリプルガラス（クリプトンガス入り）内外 Low-E クリア（3-10-1.3-10-3）JIS A 2102 に基づく代表試験体による計算結果

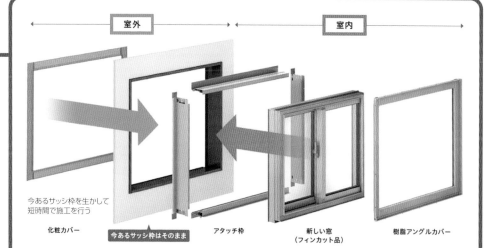

室外　←→　室内

今あるサッシ枠を生かして
短時間で施工を行う

化粧カバー　　**今あるサッシ枠はそのまま**　　アタッチ枠　　新しい窓
（フィンカット品）　　樹脂アングルカバー

 **たった半日の簡単施工で
新築同等の断熱性能へ**

既設のサッシ枠を生かし、レールの上から新
しい窓をかぶせるように取り付けるだけの
外壁を壊さない簡単施工で1窓あたり約半
日[1]でリフォームが完了する。また、熱貫流
率1.23W/（㎡・K）[2]という性能は欧州の新
築基準レベルの高い性能だ。

 **独自の複合サッシで
スリムなフレームを実現**

専用設定している新
設サッシを、アルミと
樹脂のハイブリッド
にしたことで、樹脂
窓に比べ高い強度
を確保し、フレーム
のスリム化を実現し
た。改修後にサッシ
フレームが太くなり
家の雰囲気が変わ
ってしまうことを防
ぎ、1窓のみの改修
でも、違和感なく家
の外観に溶け込む。

 **サーマルブレイク構造で
サッシ部分も高断熱化**

アタッチ枠部と新設サッ
シ部に、室外側と室内
側にあるアルミ形材を分
離させ、熱を伝えにくい
ブリッジ材（樹脂部材）で
つなぐ、サーマルブレイ
ク構造を採用。アタッチ
枠、新設サッシ部分の高
断熱化も図る。

アタッチ部、新設サッシ部も高断熱化
する

スリムなフレームの
ため、改修後も家の
雰囲気に馴染む

# APW 331 ハイブリッドスライディング

## 断熱等性能等級6、7に対応した大開口窓
## ハイブリッド構造により施工性なども向上

プレミアムポイント

先進性 独自性 社会性 性能品質 コスパ デザイン 施工性 将来性 使い勝手 生産性

**YKK AP株式会社**

☎0120-20-4134
https://www.ykkap.co.jp/

開口面積をより広くすることと、断熱性能の向上を両立する―。この難しい課題を解決するためにYKK APが市場投入したのが、APW 331 ハイブリッドスライディングだ。

樹脂窓でW12尺（幅3510㎜×高さ2430㎜）の大開口サイズを実現。Low-E複層ガラスと真空トリプルガラスを使用したタイプを用意しており、断熱等性能等級6、7に対応可能な性能を持つ。

もうひとつの特徴が、樹脂窓にアルミ樹脂複合枠を組み合わせたハイブリッド構造を採用していること。

同社では、樹脂窓については自社工場で完成品にした状態で現場に納品しているが、大開口商品になると、輸送効率の低下や現場での施工性の低下につながることもある。そこでアルミ樹脂複合枠にすることで、枠のみ組み立て前の状態で現場に搬入し、組み立てるノックダウン方式での供給を可能にし、こうした問題も解決している。

## 記者の目

住宅の高断熱化を進める上で、ある意味では最大の課題となるのが開口部だろう。そのため、可能な限り開口部面積を狭くし、より手軽に断熱性能を高めようという住宅があることも事実だ。しかし、当然ながら開口部面積を狭くすることで、開放感や眺望性は損なわれ、居住性という意味ではマイナスに働く。YKK APによると、例えばW12尺サイズの窓の出荷実績は、2019年から2021年で約2倍も増えているという。それだけ、大開口ニーズが高まっているということだ。APW 331 ハイブリッドスライディングドアは、まさにこうした要求を満たすものだ。また、窓の大開口・高性能化に伴い作業者の負担が増え、トラックの積載効率も低下するといった問題に対しても、ひとつの解決策を示している。

 ## 採光面積が1.5倍に 圧倒的な解放感と 眺望を演出

従来品であるAPW 331 引違いテラス戸とAPW 331 ハイブリッドスライディングの最大サイズを比較すると、採光面積が5.59㎡から8.28㎡へと1.5倍も広がる。これによって、圧倒的な開放感と眺望性を住宅にもたらす。

大開口と高断熱ニーズを両立するAPW 331 ハイブリッドスライディング

### 「APW 331」引違いテラス戸 最大サイズ

W9尺(幅2,600mm)× H22(高さ2,230mm)

従来品

### 「APW 331」ハイブリッドスライディング 最大サイズ

W12尺(幅3,510mm)× H24(高さ2,430mm)

新商品

 ## 断熱性能を犠牲にせずに 解放感を創造する

ガラスは、Low-E 複層ガラス、真空トリプルガラスなどを選択することが可能。それぞれのガラスを組み合わせることで、断熱等性能等級6、7に対応する。断熱性能を犠牲にすることなく、大開口ニーズも満たすことができる。

断熱等性能等級6、7にも対応できる性能を備えている

 ## 枠のノックダウン供給により 作業者の負担などを軽減

大開口窓を完成品で供給しようとすると、施工現場へ運搬・搬入する際の大きさや重さが課題となり、取り扱いが困難。また、現場搬入や2階への荷揚げ作業などの負担も増えてしまうという課題があった。そこで、APW 331 ハイブリッドスライディングでは、樹脂窓とアルミ樹脂複合枠を組み合わせた構造を採用。枠のノックダウン供給と現場組立を可能とし、従来の運搬・搬入の課題を解決した。

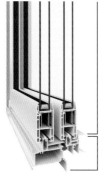

斜め積み

樹脂障子 (ガラス入り 完成品)

アルミ樹脂 複合枠 (ノックダウン)

枠完成品出荷の場合、トラックでの運搬時に斜め積みになり、積載効率も低下

# VCLスマート®

## 湿度条件で透湿抵抗値が変化
## 壁体内の乾燥状態をキープ

副資材

プレミアムポイント

旭・デュポン フラッシュスパン プロダクツ株式会社

☎0120-300355
https://www.tyvek.co.jp/

旭・デュポン フラッシュスパン プロダクツは2022年4月、可変透湿・気密シートをリニューアルし、「VCLスマート®」の販売を開始した。可変透湿・気密シートは、湿度条件に応じて分子構造が変化する性質を持ち、透湿抵抗値が変化する。壁体内が乾燥している冬場は透湿抵抗が高まることで室内側からの湿気を壁体内へ通さず、逆に壁体内が高温多湿となる夏場は透湿抵抗が低下し、壁体内の湿気を室内側へ逃がす。「VCLスマート®」では、従来品の「タイベック® スマート」の持つ可変透湿・気密性をさらに強化した。どちらも湿度60％ほどから透湿抵抗が低下し、湿気を通しやすくなるが、「VCLスマート®」は湿度80％付近でさらに透湿抵抗が低下し、より効率よく湿気を室内側へ排出する。

## 記者の目

近年、地球温暖化などの影響により、夏型結露が温暖地で多く確認されている。通常の冬型結露とは逆に、室内の空気がエアコンによって冷やされることで、室内側の壁体内などで結露を起こす。住宅基礎や壁体内など目につきづらい場所で結露するため、気付かないうちに進行している場合が多く、湿気によって住宅の断熱性能の低下や躯体の腐朽を招く恐れがある。特に、最近の住宅では高断熱化・高気密化が進み、高気密ゆえに壁体内で発生した水分の逃げ場がないという問題が顕在化しているが、その対策をしていない住宅は多い。こうしたなか、旭・デュポン フラッシュスパン プロダクツは可変透湿・気密シートをリニューアルし、「VCLスマート®」の販売を開始。従来品よりも可変透湿・気密性を高め、夏型結露対策の提案強化に乗り出した。夏季の猛暑は今後も続くことが予想される。効率的に夏型結露対策ができる「VCLスマート®」のニーズは高まっていきそうだ。

## 従来製品を超える可変透湿・気密性
## 1年中結露を防止し、常に壁体内を乾燥

可変透湿・気密シートは、湿度条件に応じて透湿抵抗値が変化するため、壁体内が乾燥している冬場は透湿抵抗が高まることで室内側からの湿気を壁体内へ通さず、逆に壁体内が高温多湿となる夏場は透湿抵抗が低下し、壁体内の湿気を室内側へ逃がす。「VCLスマート®」は、湿度60％ほどから透湿抵抗が低下し、80％付近でさらに透湿抵抗値が低下するため、より効率よく湿気を壁体内から排出する。気密性能はしっかり保持しつつ、年間を通して結露の発生を抑制し、壁体内を常に乾燥状態にすることで住宅の耐久性向上につなげる。

《湿気が少ない場合》

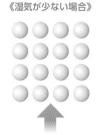

湿気が通る隙間は無く
防湿性能を発揮する

《湿気が多い場合》

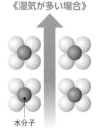

水分子

分子が結合し、
湿気を通す隙間ができる
※空気は通らない

### シートを半透明化し
### 施工性向上
### 軽量化で
### 現場負担軽減も

従来品の「タイベック® スマート」はシートの本体色が白色であったのに対し、「VCLスマート®」では顧客の要望に応えて半透明にしたことで施工時に下地が見えるように改良した。施工性を高め、開口部など気密処理がしにくい部位への対応力を向上させた。また、「現場労働者の負担軽減」をキーワードに開発し、「タイベック® スマート」よりも約20％軽量化。現場での持ち運びが容易になった。

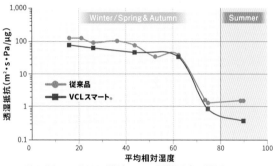

※従来品と比較してもほぼ変わらない性能を有しておりより夏型結露に配慮した性能を示しています。
※測定条件：23℃

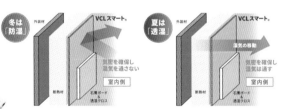

「VCLスマート®」は湿度条件で透湿抵抗値が変化し、壁体内の乾燥状態を保つ

シート本体を半透明にしたことで下地が見えるようになり、施工性が向上した

### 透湿・防水シートとセット使用で
### 住宅をさらに高性能化

より住宅の性能を高めるために、「VCLスマート®」と透湿防水遮熱シートの「タイベック® シルバー」（別売り）の組み合わせ使用を同社は推奨している。「タイベック® シルバー」は透湿・防水性に加え、遮熱性も備えるため、「VCLスマート®」とセット使用することで透湿、防水、遮熱、気密性能を高い水準で確保でき、夏型結露対策だけでなく、住宅の総合的な性能向上に期待できる。

# eことアル工法

## 木材と土壌へのW処理で防蟻効果を向上
## 高い安全性を確保、長期予防効果も

副資材

プレミアムポイント

先進性　着目性　社会性　性能品質　コスパ　デザイン　施工性　将来性　使い勝手　生産性

**株式会社エコパウダー**

☎048-928-1671
https://ecopowder.com/

ホウ酸処理によるシロアリ対策を展開するエコパウダーが提案しているのが、土壌からのシロアリ侵入防止を組み合わせた「eことアル工法」だ。木材の腐朽と虫食いの防止にホウ酸塩を主原料とする木材保存剤「エコボロンPRO」を、土壌処理にシンジェンタ ジャパンの「アルトリセット 200SC」を使う。

エコボロンPROは、揮発蒸発しないため空気を汚さず、効果が長期間持続。安全性も高い。ただ、食毒性で予防には適しているが、シロアリを積極的に殺虫するものではなく、駆除には適さない。一方、アルトリセット 200SC は、長期にわたる有効性を持ちながら人体に対して非常に高い安全性を持つ新しいタイプの薬剤で、シロアリの顎周辺に付着すると顎の筋肉を麻痺させ、木材への加害を素早く止める。非忌避性で遅効性という特性で巣全体を破壊する。2種の薬剤を組み合わせた"W効果"でそれぞれを補完しあい、さらに防蟻効果を高める。

**記者の目**

近年、住宅の高性能化が進み、寸法安定性に優れ、加工しやすい集成材などのエンジニアリングウッドの使用量が増えているが、シロアリ予防の専門家は、「集成材には、シロアリが好む、スプルースなど白い木材が用いられている。狂いが少ない、加工がしやすいということはシロアリに食べられやすいこととイコール」と指摘する。良質な住宅を普及させ、耐久年数を伸ばしていくためには、シロアリ対策にも進化が求められている。「eことアル工法」は、「エコボロンPRO」と、「アルトリセット 200SC」の併用による"W効果"により、住まいをシロアリや腐朽菌から守る。より良い住宅を長く大切に使用していきたいというニーズの高まり、また、環境意識の高まりを背景に、新しいシロアリ対策として注目を集めそうだ。

## 食塩以下の毒性値で 人や環境に高い安全性

エコボロンPROの有効成分の「ホウ酸塩」は揮発蒸発せず空気を汚さず、万が一口に入っても食塩と同程度の毒性値であり、安全性の高さからキッズデザイン賞も受賞している。アルトリセット200SCは毒物及び劇物取締法の毒物や劇物に該当しないなど、業界最高水準の安全性を持つ。米国環境保護庁からシロアリ散布用薬剤として唯一、低リスク防除薬剤の承認を受けている。毒性値は食塩よりも低い。

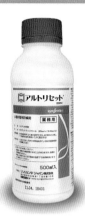

## 施工品質確保の 取り組みを徹底

施工品質確保の面でも取り組みを徹底する。エコボロンPROの施工は、エコパウダーが研修を行い、修了者として認定された認定施工士が行ってきた。eことアル工法の展開を踏まえ、新たにアルトリセット200SCについても、所定の研修を終えた実務者が責任施工で行う。

## 効果は10年と長持ちし経済的 30年保証も設定

エコボロンPROは、分解されない無機物「ホウ酸塩」が有効成分で10年を超える長期効果を発揮する。アルトリセット200SCは、現在使用可能な土壌処理剤として最長の10年間の効果を野外シロアリ試験で確認している。5年ごとの再施工が必要な一般的農薬系薬剤に比べ経済的だ。さらに、10年ごとのメンテナンスを条件に、最長30年の保証制度を設けている。

### エコボロン

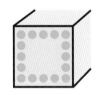

- ●木部にホウ酸塩を染み込ませて、シロアリに食べられない木にする。
- ●分解・蒸発しないため無臭で、効果は長期間持続する。

### 農薬処理

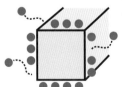

- ●農薬成分を蒸発させてシロアリを防ぐモノはシックハウスの原因になるものも。
- ●農薬は5年で分解され消えてしまうため、5年に一度の再施工が必要。

## 全構造材にエコボロンPRO処理で 外来種カンザイシロアリ対策にも有効

近年はアメリカカンザイシロアリの被害も目立つ。被害住宅から飛び立つ羽アリによって周辺数kmにわたり被害が拡大し、スポットごとに分布し始めているのが特徴だ。エコパウダーは、新築時に全構造材にエコボロンPROを処理することを主な条件として、施工完了日から10年間、保証対応する。

# ラミテクトプレミアムサーモ

## 高気密・高断熱住宅に不可欠
## 遮熱機能を備えた透湿防水シート

副資材

┤プレミアムポイント├

先進性　独自性　社会性　性能品質　コスパ　デザイン　施工性　将来性　使い勝手　生産性

 **セーレン株式会社**

☎03-5411-3411
https://www.seiren.com/

住宅の高気密・高断熱化に向けた取り組みが加速する中で、その重要性が高まってきているのが、透湿防水シートだ。主に冬期に発生する壁体内結露を防止するために、壁体内の湿気を通気層から外部へと放出し、その一方では建物外部からの雨水の浸入を防止する。

セーレンのラミテクトプレミアムサーモは、高耐久遮熱型の透湿防水シートだ。透湿・防水という役割に加えて、遮熱という機能を備えている。遮熱機能を付与し

たことで、夏期の暑さ対策にも貢献する。また、夏期に発生する夏型結露の発生抑制にも寄与する。

アルミチップをポリエチレンに練り込むという独自開発技術（特許技術）により実現したアルミ透湿フィルムは、無数のアルミ粒子が熱線をカットし高い遮熱性能を発揮する。また、このアルミ粒子をフィルムに含ませて外気と触れにくくすることで、遮熱性能の耐久性を大きく向上させることにも成功した。

## 記者の目

高気密・高断熱化が進展すると、壁体内結露のリスクも高まり、住宅の長寿命化を妨げる要因になる。そこで、外壁材と断熱材に間に通気層を設ける仕様が一般化してきている。そして、この通気工法を支えているものが透湿防水シートだ。透湿と防水という相反する機能を備えるが、ラミテクトプレミアムサーモは、この2つの機能に加えて、遮熱性能も有している。夏期に壁体内の温度が上昇することを抑制し、外気が壁体内へ侵入することで発生する夏型結露の防止にも貢献する。しかも、独自の技術により実現したアルミを練り込んだシートは、長期間にわたり遮熱性能を維持することが分かっている。住宅の高気密・高断熱化、さらには長寿命化を支えるアイテムである。

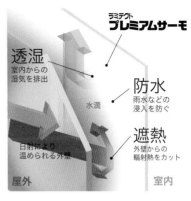

透湿
室内からの
湿気を排出

ラミテクト
プレミアムサーモ

防水
雨水などの
浸入を防ぐ

水滴

遮熱
外壁からの
輻射熱をカット

日射により
温められる外壁

屋外　　　　　室内

##  優れた耐久性を備えたアルミ練り込みタイプ

ラミテクトプレミアムサーモが他製品と大きく違うのはアルミ練り込みタイプであること。蒸着タイプと異なり気象条件によってのアルミの脱落、白化が起こらず性能を保持する。技術開発に3年の歳月をかけたオリジナルの製法で、特許も取得している。

##  優れた遮熱、防水、透湿性能で住宅の高性能化をバックアップ

シート全体で熱を遮るため、熱カット率は他製品よりも優れている。外壁表面温度が60℃となる実験では、外壁裏面の温度は一般的な透湿防水シートが33.1℃であったのに対し、プレミアムサーモは28.1℃とその差は歴然だ。また、透湿抵抗値は0.12㎡・s・Pa/$\mu$gとJIS規格のB種をクリア、初期耐水圧は36kpaとJIS規格の10kpaを大きく上回るなど、一的な遮熱型透湿防水シートに比べ透湿性、防水性にも優れており、住宅高性能化を強力にバックアップする。

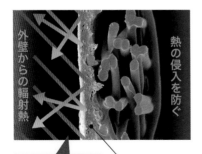

外壁からの輻射熱

熱の侵入を防ぐ

熱線をカット　　　遮熱透湿防水フィルム

独自の高耐久遮熱テクノロジーで、アルミ粒子が外気に触れず遮熱効果が持続する

##  長期間にわたり遮熱性能を維持

高い遮熱性能を維持し続け、遮熱性能の劣化が少ないのも大きなポイントだ。アルミを練り込んでいるため外気に触れにくいことが劣化を防いでいる。

同社の遮熱耐久試験によると、一般的な遮熱型透湿防水シートの熱カット率は初期値98.9％が試験後に64.0％まで劣化したのに比べ、ラミテクトプレミアムサーモは初期の98.8％が試験後であっても96.7％と高い遮熱性能を維持することがわかっている。

### 耐久試験後の遮熱面の状態

**ラミテクト
プレミアムサーモ**

初期と同様の外観を維持

**一般的な
遮熱型透湿防水シート**

表面の白化が見られる

# マスタールーフィング

住宅会社のロングライフニーズに応える
耐用年数60年の屋根下葺材

**副資材**

| プレミアムポイント |

**田島ルーフィング株式会社**
☎03-5821-7713
https://tajima.jp

　住宅のさらなる長寿命化を図り、さらなる長期保証を実現しようという住宅会社が増える中、注目度が高まっているのがマスタールーフィングだ。

　マスタールーフィングの最大の特徴は60年という長期にわたり防水性能を発揮する点だ。

　屋根下葺材として利用される従来の高耐久ルーフィングの場合、その耐久性は20〜30年と言われている。アスファルトの酸化が促進することで、柔軟性が損なわれ耐久性が低下してしまう。そこで、マスタールーフィングは、下葺材の両面にバリア層を施し、下葺材内部への熱酸化劣化の原因となる酸素の侵入を防ぎ、劣化を抑制する。

　同社の試算によると60年間のライフサイクルコストは、耐久性の高い屋根材に従来の高耐久下葺材を使用した場合は160万円、同屋根にマスタールーフィングを使用した場合は100万円と、60万円ものコスト削減効果があるという。

## 記者の目

　大手ハウスメーカーを中心として、保証期間のさらなる長期化を図ろうという企業が増えてきている。長期保証を図る上で忘れることができないのが、防水性能の保持だろう。防水性能が低下が原因特定が難しい漏水事故へとつながるだけに、細心の注意を払うことが求められる。防水性能を確保するためには、当然ながら屋根が重要な役割を担う。しかし、屋根材が60年もったとしても、下葺材の寿命が60年以下であれば、結局は屋根全体の耐久性は向上しない。下葺材のために屋根材そのものから交換しなくてはいけないという事態になってしまう。マスタールーフィングは、こうした問題を解決する屋根下葺材。60年という耐久性を実現し、住宅会社、さらには施主のロングライフニーズに応えている。

## 釘やタッカーを打ち込んでも
防水性能を確保する柔軟性

屋根下葺材は、釘やタッカーを打ち込んでも絡みつくように密着して水を漏らさないようにすることで、屋根の防水性を確保する。マスタールーフィングは柔軟性や耐久性を向上させた「改質アスファルト」を使用し、高い防水性能を実現する。また、寸法安定性に優れた「合成繊維不織布」などを採用することで、屋根下葺材に求められる性能を高いレベルで実現した。

防滑処理
**バリア層**
改質アスファルト層
アスファルト含浸
合成繊維不織布
改質アスファルト層
**バリア層**

■ マスタールーフィングの構成　「バリア層」がアスファルト層への酸素の侵入を防ぎ、長期にわたり初期状態を維持します。

バリア層　　酸素
揮発成分
バリア層　　酸素

**長　期**

**初期状態維持**

酸素

酸素

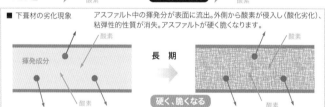

■ 下葺材の劣化現象　アスファルト中の揮発分が表面に流出。外側から酸素が侵入し（酸化劣化）、粘弾性的性質が消失。アスファルトが硬く脆くなります。

揮発成分

酸素

**長　期**

**硬く、脆くなる**

酸素

酸素

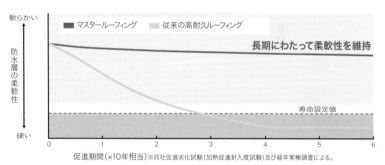

軟らかい

防水層の柔軟性

硬い

■ マスタールーフィング　■ 従来の高耐久ルーフィング

**長期にわたって柔軟性を維持**

寿命設定値

0　1　2　3　4　5　6

促進期間（×10年相当）※同社促進劣化試験（加熱促進針入度試験）及び経年実検調査による。

 ## バリア層で劣化を抑制
施工性や仕上がりも向上

マスタールーフィングの最大の特徴が、下葺材の両面にバリア層を施すことでアスファルトの劣化を抑制すること。加えて、このバリア層は施工性や仕上がりにもメリットをもたらす。屋根下葺材の施工は急勾配の屋根の上で作業を行うため、従来品ではアスファルトの表面に砂や塗料などで防滑処理を施している。しかし、夏場の高温時にはアスファルトが柔らかくなり、下葺材の上を歩くとベタつきや足跡が残るということがある。バリア層でアスファルトを遮断するマスタールーフィングはこうした心配がない。

# IB-HDF-CLT工法

## CLT建築向けのシート防水
## 防火地域・準防火地域でフラットな屋根を実現

── プレミアムポイント ──

 早川ゴム株式会社

☎084-954-7801
https://www.hrc.co.jp/

　早川ゴムはフラットな陸屋根向けに、シート防水工法「サンタックIBシート防水」で豊富な実績を持つ。揮散・浸出の少ない高品質な可塑剤を用いることで、長期間、日光にさらされても紫外線劣化しにくい特性を持ち、長期に渡り防水機能を発揮し続ける。防水保証10年の2倍以上、20年以上の耐用年数を有する。また、水蒸気を透過する性能を持ち、下地の水分をシート表面から徐々に排出するため、脱気筒を設置する必要もない。さらに自己消火性能も有しており、他の防水材料と比較して、外部からの飛び火に対して優れた難燃性を発揮する。

　こうした実績、ノウハウを生かして2021年5月、CLT建築向けの防水下地「IB-HDF-CLT工法」において、業界初となる飛び火認定を取得した。防火地域・準防火地域においても、フラットな屋根を採用したCLT建築を建てやすくなる。

　同工法は2022年のウッドデザイン賞を技術・建材分野で受賞している。

## 記者の目

　建築物木造化の強力な追い風が吹く中で、住宅、非住宅を問わず、木材活用が拡大している。ゼネコンなどが木造化推進の一環として大規模建築でCLTを活用する動きはあったが、ここにきて4階建て、5階建ての中層建築や住宅の分野においても、CLTを活用して差別化につなげようとする動きが目立ち始めている。とはいえ、新しい建築材料であるゆえに、実際にCLT建築を建てようとすれば、防火、防水の課題をどのようにクリアしていくのかが問われる。そうした課題をクリアするために早川ゴムは、CLT建築向けの防水下地「IB-HDF-CLT工法」を開発した。防火、防水性能を確保し、かつCLTの特徴を生かしたフラットな屋根を実現できる。CLT建築を陰で支える防水工法として注目を集めそうだ。

##  CLT性能評価実験棟で同社の防水シートが採用 グッドデザイン、ウッドデザインの2冠

2019年3月に竣工した北海道林産試験場CLT性能評価実験棟「Hokkaido CLT Pavilion」には、同社のシート防水が採用された。この実験棟は、全方位に大きく張り出した無勾配の屋根、高耐力CLT壁による開放的な間取り、床パネルと連続したオーバーハングテラス、大開口サッシとフラットな天井面など、CLTならではの構造、デザインを具現化した建築物として高い評価を得ている。2020年度のグッドデザイン賞、ウッドデザイン賞の二冠を達成。CLT建築の積極的な探究事例の一つとして評価された。

北海道林産試験場CLT性能評価実験棟にも早川ゴムのシート防水が採用された

##  CLTならではのフラットな屋根を実現 瑕疵担保保険の加入条件もクリア

防火地域や準防火地域などの住宅地においてCLT建築を建てる際に、屋根をどう納めるか。切妻、片流れなどの屋根形状を採用して板金屋根で仕上げることで、防火性能を確保できるが、CLTならではのデザインと言えるフラットな屋根の実現は難しい。また、準防火地域などの住宅地では、地域によっては、住宅瑕疵担保責任保険の加入条件として、屋根に勾配を設けることなどが求められるため、完全な

フラット屋根を採用することが難しいとのハードルもあった。こうしたハードルをクリアするために、CLT建築を推進するライフデザイン・カバヤ(岡山市)と共同で、CLT建築向けの防水下地の仕様検討などを進め、「IB-HDF-CLT工法」の開発に至った。フラットなCLT下地の上に、若干の勾配を持たせた断熱材(カネライトフォーム)を施工し、勾配を調整できるようにした。200mmまでの高さで勾配を調整できる。断熱材の上に絶縁シート、サンタックIB防水シートを施工し、防水性能を確保する。勾配断熱材を使用しても、最大でも高さ200mmであり、外観はフラット屋根とほぼ変わらない。

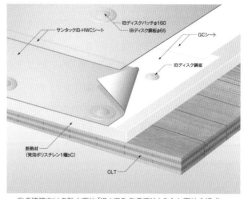

CLT建築向けの防水下地「IB-HDF-CLT工法」の主な下地の構成

##  軟質プラスチック止水板で 雨水の流れもコントロール

フラット屋根では、屋根に溜まる雨水をどのように排出するかにも注意が必要になる。そこで、早川ゴムでは、「IB-HDF-CLT工法」と、イーアステック(北海道旭川市)が特許を持つ「軟質プラスチック止水板」、「ゼロ勾配屋根専用止水材の設置構造」を組み合わせることを推奨する。軟質プラスチック止水板をフラット屋根の縁に合わせて施工することで、雨水の流れ道をコントロールできる。

イーアステックの「軟質プラスチック止水板」と組み合わせることで、フラット屋根の雨水の流れをコントロールできる

# ウェザータイト

## 成形品の防水部材で施工を標準化
## ウィークポイントの3面交点部を確実にカバー

**副資材**

| プレミアムポイント |

 **フクビ化学工業株式会社**

☎0800-919-2911
https://www.fukuvi.co.jp/

近年、豪雨や大型台風など、異常気象が頻発しており、住まいの漏水リスクは高まっている。漏水リスクの高い開口部や、壁と屋根の取合い部などには、成形品の防水部材が有効だ。現場での加工が不要で、成形品をはめ込むだけで、防水性能を確保できる。フクビ化学工業は、この分野のパイオニアとして「ウェザータイト」のブランドで、成形品の防水部材を展開している。2000年の「品確法」の施行を機に住宅の防水性能向上の要求が高まり、2003年に「サッシ用」を発売開始。その他部位のラインアップも拡大してきた。「射出成形」で製造することで、平面部から3面交点部まで厚みを均一化させ、より安心な設計となっている。ひと目でわかるデザインと施工性を決め手とし、2022年度グッドデザイン賞を受賞。

## 記者の目

気象庁研究所の調査データによると、集中豪雨の発生頻度はこの45年間で2.2倍に増加している。従来であれば「これで十分」と思われていた防水対策では、漏水リスクを抑制できない懸念が高まっている。また、木造住宅などの場合、施工図や標準的な施工書などが用意されていないことが多い。細かな施工方法や手順などを現場任せにしていることも少なくない。そのため、細かな防水処理などに関する施工品質が必ずしも均一化されていないという問題もある。建物が完成してからの漏水事故は原因を解明することが難しく、深刻なクレームへとつながることも少なくない。こうした中で、高い支持を得ているのが、フクビ化学工業の防水部材「ウェザータイト」だ。特に、開口部や、屋根と壁の取合い部はウィークポイントとなりやすい。施工の標準化を図り、属人的な要素を排し、安定的な施工品質を確保していくために必須のアイテムとして、さらに存在感を増していきそうだ。

## 独自の「射出成形」で
## 3面交点部まで厚みを均一化

メーカー各社は、それぞれに成形品の防水部材をラインアップしているが、一般的に薄手の樹脂製品は「真空成形」で製造されており、製造方法の特性上、防水で最も注意が必要な3面交点部が薄くなりがちだ。一方、ウェザータイトは、「射出成形」で製造することで、平面部から3面交点部まで厚みを均一化させ、より安心な設計となっている。ウィークポイントの3面交点部のカバーはウェザータイトで完結し、留め付けは防水テープのみで行う（屋根用を除く）ことで、施工者のスキルや熟練度に左右されず、安定した施工品質の確保が期待できる。半透明で下地が見えやすく、施工がしやすいように配慮している。

## 業界で唯一、4部位をラインアップ
## サッシ用、パイプ用、バルコニー用、屋根用

業界で唯一、「サッシ用」から始まり、「パイプ用」、「バルコニー用」、「屋根用」の4部位をラインアップしている。特に「屋根用」は、他社にはない独自の製品で、柔らかい素材を「射出成形」で製造し、緩勾配用と急勾配用の2種類で様々な勾配に対応できる。商品バリエーションの充実にも取り組んでおり、サッシまわりについては、サッシ枠のかかり代に3サイズを取り揃えており、樹脂サッシなどにも対応可能だ。また、パンフレットに施工動画を確認できるQRコードを掲載するなど、施工品質のさらなる均一化に向けて取り組みを進めている。

## 耐久性も追及
## 10年相当の加熱処理で引張強度残存率95％以上

「JIS A 6111:2016 透湿防水シート」に準拠し、10年相当の加熱処理後に、素材の引張強度残存率を測定した結果、すべての残存率が95％以上あることを確認。また、「パイプ用」の軟質樹脂についても、複数の個体で試験を実施し、高いレベルで止水性があることを確認している。

# SILENT DROP（サイレントドロップ）

新発想の粒状床衝撃音低減材
置くだけで重量床衝撃音を大幅に低減

**副資材**

├ プレミアムポイント ┤

## フクビ化学工業株式会社

☎0800-919-2911
https://www.fukuvi.co.jp/

天井裏に置くだけで重量床衝撃音を低減する−それが新しい発想の粒状床衝撃音低減材「SILENT DROP（サイレントドロップ）」だ。特殊遮音粒材同士の摩擦や衝突により天井の振動を効率的に吸収、重量床衝撃音の放射を抑制する商品で、天井に載せるだけで上階の歩行音や飛び跳ねなどの音を低減する。

重量床衝撃音対策はコンクリートスラブを増し打ちすることが一般的だが、建物の重量が増加し耐震性能にも影響を及ぼすが、サイレントドロップは6〜8kg/㎡と軽量で建物の性能に影響を及ぼさない。また、既存天井ボードの上にさらに天井ボードを重ねる天井増し張りをすることで振動を低減する方法もあるが、サイレントドロップは天井増し張りに比べ約5.5倍の低減効果が確認できている。

軽量かつ省施工で高い低減効果を発揮する、これまでになかった重量床衝撃音対策方法であり、特にマンションのリノベーションに最適な商品といえる。

**記者の目**

マンションなどの共同住宅において"音問題"は大きな課題だ。その音に関する不具合の上位にあがるのが、上階の歩行音や飛び跳ね音などの重量床衝撃音である。重量衝撃音は空気伝播音や軽量床衝撃音と異なり、低減対策が難しい。また、リフォームするにしても自室ではなく上階室の改修となり、現実問題として難しい。

サイレントドロップは二重天井であれば下の階から施工することが可能で、施工は"載せるだけ"という簡単なもの。軽量、省施工は大きな魅力だ。既存天井よりも重量床衝撃音を10.5dB低減することができ、石膏ボード二重張りの1.9dB低減よりも大きな効果が期待できる。大きなトラブルにもつながりかねない集合住宅での音対策に大きな効果が期待される。

FUKUVI SUSTAINABLE PRODUCTS

社内独自の環境配慮型商品認証制度。特に優れた製品については「Fukuvalue+」として上位認定している。

特殊粒材

サイレントドロップの中身

 **特殊粒材により振動エネルギーを吸収し音を低減**

一般的に、重量床衝撃音は、上の階からの衝撃が床、コンクリートスラブ、吊りボルトを通じて天井に伝わる。サイレントドロップは、上階からの振動エネルギーを下階の天井材に伝わる手前の段階で、特殊粒材の衝突・摩擦により吸収し音を低減する。

振動
コンクリートスラブ
吊りボルト
野縁受け
野縁
サイレントドロップ
天井ボード(せっこうボード)

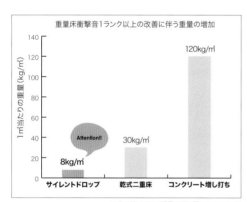

重量床衝撃音1ランク以上の改善に伴う重量の増加

Attention!!
8kg/㎡ サイレントドロップ
30kg/㎡ 乾式二重床
120kg/㎡ コンクリート増し打ち

※各工法における重量の増加量はあくまで目安

**6～8kg/㎡と軽量で耐震性への影響もほとんどなし**

サイレントドロップは1個約4kgで、1㎡当たり1.5～2個使用するため重量は1㎡あたり6～8kg。コンクリートの増し打ちなどに比べて非常に軽量なのが大きな特徴で、建物への負荷が少なく、耐震性への影響もほとんどない。また、二重天井の裏に施工するため、他の建材・設備の納まりにも影響を与えない。

**置くだけの簡単施工でも抜群の効果**

施工は天井に載せるだけのシンプルなもの。新築に限らず、リフォーム・リノベーションでも使用できる。石膏ボード二重張りと同程度の荷重で5倍以上の低減効果を発揮する。

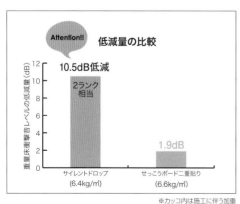

低減量の比較

Attention!!
10.5dB低減
2ランク相当
サイレントドロップ(6.4kg/㎡)

1.9dB
せっこうボード二重貼り(6.6kg/㎡)

※カッコ内は施工に伴う加重

# 出世基礎 土地分け丸

## 境界コンクリートからブロック塀基礎に"出世"
## 建基法に準拠し、第三者機関で安全も確認

エクステリア

プレミアムポイント

 株式会社コンクレタス

☎050-5213-4570
https://concretus.jp/

「土地分け丸」は、建築基準法に準拠したプレキャスト鉄筋コンクリート製のブロック塀基礎。宅地造成や住宅新設の際に境界コンクリートとして敷設、宅地造成後に専用の鉄筋を差し込んでブロックを積むことで安全なブロック塀を建築することができる。また、フェンス基礎としても利用することができる。

現場ごとに風圧、土圧、地震力を考慮した構造計算が可能であり、安全なブロック塀・フェンス基礎を施工することができる。

宅地造成においての土地境界は現場打ちコンクリートで行うことが一般的で、通常、土地の購入者が後からブロック塀を積めるように法令に適合した基礎として構築されることはなかった。こうした問題の解決に向け、境界コンクリートから塀基礎へと「出世」する基礎として開発した。また、プレキャスト製品で建築基準法に準拠したブロック塀基礎はこれまでになく、特許も取得している。

## 記者の目

これまで地震によるブロック塀の倒壊で多くの事故が起こり、ブロック塀＝危険というマイナスイメージが広がっている。ただ、これらの多くが法令を遵守しておらず、基礎や鉄筋に問題が発生したものだ。
コンクレタスは創業時から危険ブロック塀の撲滅を目指して防災コンクリート製品の開発・販売を行ってきた。特に、適切な基礎でないこと、鉄筋の腐食により倒壊・転倒が多く発生していると指摘し、基礎の形状だけでなく鉄筋も含めた開発を続けてきている。こうしたなかで生まれた土地分け丸は、「法令遵守」を強く打ち出し、また、第三者機関による安全性の確認も行っている。東南海地震など巨大地震の発生が予想されるなか、正しい知見に基づく製品の採用が求められよう。

### 境界コンクリートが
### 塀やフェンスに出世

土地分け丸の大きな特徴は"出世"（転用）できることだ。宅地造成時には境界コンクリートとして利用でき、宅地造成後は塀やフェンスの基礎として利用することができる。境界コンクリートとして敷設した後、防錆処理した鉄筋を接合することで安全なブロック塀・フェンスを設置することができるのである。

宅地境界コンクリートから

ブロック塀基礎へ

フェンス基礎へ

コンパクトなI型と、安定性が高いL型をラインアップ

### 高い安全性を確保、
### 第三者機関で確認も

プレキャスト製品で建築基準法に準拠したブロック塀基礎。その開発にあたっては基礎の形状だけでなく、鉄筋も含めた開発を行い、安全性を確保した。さらに特許も取得しており、安心して使うことができる。鉄筋継手部は（公財）大分県建設技術センターで鉄筋引き抜き試験などを行い、その強度を確認している。

鉄筋まで含めて開発し、第三者機関での試験で安全性を確認

### 現場のニーズにあわせ
### 2タイプをラインアップ

経済的で省スペース、コンパクトなI型と、より安定性が高く敷地高低差・勾配に対応したL型をラインアップ。長さ2000mmの標準品と、ブロック塀割付で必要となる端部品を用意、L型は要望に応じて高さ800mm以上も対応できる。また、防錆鉄筋はブロック塀の高さに応じ、325～1325mmまでを用意している。

# U.スタイル アゼストシリーズ

## 業界初、「間口12m」に対応するカーポート
## 庭まわりに設置できるマルチルーフに進化

**エクステリア**

| プレミアムポイント |
先進性　独自性　社会性　性能品質　コスパ　デザイン　施工性　将来性　使い勝手　生産性

### 三協立山株式会社 三協アルミ社

☎0120-53-7899
https://alumi.st-grp.co.jp/

　三協立山 三協アルミ社が展開する数あるカーポートの中でも、主力商品として高い人気を誇るのが、「屋根とフレームを自由に組み合わせる」をコンセプトに2001年に販売を開始した「U.スタイル」シリーズだ。

　2019年に、業界初となる「最大間口12m」、業界最大サイズとなる「屋根下までの高さ3.5m」に対応する新・空間自由形カーポートとして「U.スタイル アゼスト」を発売。豊富なサイズバリエーションと納まりにより、敷地対応力を従来以上に強化した。車を移動しやすいだけでなく、車を降りてから玄関まで雨に濡れず移動できるなど、家族構成や生活スタイル、敷地条件などにあわせ、カースペースから玄関アプローチまでのファサード空間を自由に設計できる。また、シンプルなデザインを追求したフォルムや、デザイン性を高める天井付きの屋根を採用し、スタンダードからラグジュアリーな空間まで幅広いプランに対応する。

**記者の目**

　三協立山 三協アルミ社は1981年にアルミ製カーポート市場に参入し、以後、様々なカーポート新商品を投入し「カーポートの三協アルミ」と認知されるほど市場での存在感を高めてきた。アルミ製カーポート市場において同社のシェアは約30%を占める。同社の数あるカーポート商品の中でも主力と位置付けるのが「U.スタイル アゼスト」だ。豊富なサイズと納まりで敷地対応力を向上。設計自由度の高さを強みに年々売上を伸ばしている。2022年4月には格子屋根の「セレクトタイプ」を追加。アゼストの語源「Advance to the Next Style（次世代のスタイルに進化）」という名前通りに、カーポートに加え、庭まわり全般に使えるマルチルーフとして進化している。アイデア次第で可能性は大きく広がる。

### 「雨に濡れない」が叶う 屋根下3.5m

業界初となる「間口12mのフレーム」を設定した。「日本の持ち家住宅の敷地の約半数は間口が約12m以上と想定される。間口12mフレームを設定したことで、敷地を最大限に有効活用できる」(同社)。

また、同社が行った調査によると、ユーザーが「カーポートに求めること」の1位は「雨の日の乗り降りがラク」であった。そこで業界最大サイズとなる屋根下の高さ3.5mまで対応力を高めることで、カースペースから玄関の庇までを屋根で覆えるようにした。雨の日でも安心して車から玄関までを行き来することができる。

屋根パネルに中桟のない構造により、空まで視界が広がる爽快感の屋根を実現する「スタンダードタイプ」に加え、天井材付きの「プレミアムタイプ」をラインアップする。天井材をつけることで、室内空間を感じさせるような上品で高級感のあるエントランス空間を演出できる。ダークからライトまで、幅広いバリエーションで住宅のイメージに合わせたコーディネートが行える。

### 豊富なサイズと納まりで敷地対応力を向上

豊富なサイズバリエーションと納まりにより、敷地対応力をこれまで以上に強化した。フレームの長さ、柱の位置や角度、屋根の位置やサイズ、納まりなど、敷地条件に併せて自由設計が可能だ。

| 屋根 | | | フレーム(柱+梁) | |
|---|---|---|---|---|
| 基本納まり | 片寄せ納まり | 両端納まり | L字納まり | 角度調整納まり |

両側支持＋片側支持納まり　段差連結納まり　奥行連結納まり　奥行延長納まり

様々な納まりに対応する

### 格子屋根の「セレクトラインタイプ」を追加 様々なシーンに対応

2022年5月には、ハイクラスな高意匠の屋根材として「セレクトラインタイプ」を追加。整然と並ぶ格子が美しいモダンテイストの屋根デザインで、格子から降り注ぐ柔らかな光が上質な空間を創出する。フレームに屋根を吊り下げる「吊下げタイプ」、フレームに屋根を載せる「梁置きタイプ」に加え、屋根パネルを使用せず格子のみを梁下に設置する「パーゴラタイプ」の3つのスタイルを用意。カースペースに加え、アプローチや庭まわりに設置できる、独立テラス、パーゴラ、マルチルーフなどとして多様な使い方が可能だ。

# スーパー防災RM塀

エクステリア

住まいと命を守るブロック塀
RM造で震度7、風速60mまで対応

├── プレミアムポイント ──┤

太陽エコブロックス株式会社

☎06-6466-6751
https://www.taiyo-ecobloxx.com/

地震による倒壊でブロック塀は危険だというイメージが広がるなか、"命と暮らしを守る"ことを基本コンセプトに開発したブロック塀が「スーパー防災RM塀」だ。

中に大きな空洞を持つ「RMブロック」を積み上げる「RM造」(鉄筋コンクリート組積造)で、空洞部のグラウト(充填剤)に高強度、高流動のものを使用する。塀部の空洞部には部分的にボイド(発泡スチロールの塊)を入れ、すべてにグラウトを充填しないことで塀部分の軽量化を図った。塀が重くなることでの地盤改良を避けることができ、経済性を高めている。

また、鉄筋にエポキシ樹脂塗装を施す「あんしん鉄筋」を採用、錆びにくいことから長期にわたって強度を保つことができる。この鉄筋を2本入れる「ダブル配筋」として耐力を高めた。構造計算により控え壁が不要で、狭小敷地などにおいて大きなメリットとなる。

## 記者の目

「スーパー防災RM塀」は、安全性を高めたブロック塀で住宅を取り囲むことで、地震だけでなく強風や洪水、土砂崩れといった自然災害から住宅を守り、命を守ろうという製品だ。

重量感のある塀がぐるりと住まいを囲むため、オープン外構など外に開かれた住宅のデザインには適さない。しかし、自然災害が多発、また、被害の甚大化が大きな社会不安となるなか、地域性や立地条件などを踏まえ、強風による飛来物の被害、洪水による浸水などを防ぎたいというニーズには強く訴求しよう。

地震によりブロック塀が倒壊する事故が相次ぎ、そのイメージは大きく損なわれているが、そのマイナスイメージの払拭にとどまらず、積極的に自然災害に強い家をつくろうという提案が「スーパー防災RM塀」。防災住宅を実現する一つのアプローチとして注目される。

### 2.4mで震度7、風速60mまで耐える防災ブロック塀

「スーパー防災RM塀」の最も大きな特徴がその耐力で、耐震性は震度7まで、耐風性は風速60mまでもつ設計となっている。基本的に2.4mまでの高さを想定しているが、塀の高さや耐力は施主の注文に応じて対応が可能であり、例えば、耐水については想定する水深によって計算して設計を行う。

一方、想定以上の揺れの場合、塀をあまり強くすると基礎から転倒するケースが想定される。このため、全体転倒を回避するため、基礎と塀の境目で曲げ破壊し、傾くような安全面での配慮を行っている。

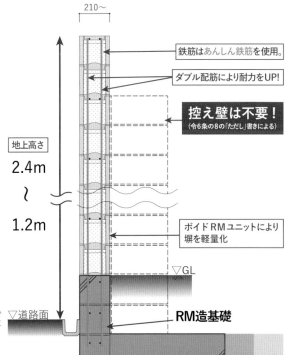

210〜

鉄筋はあんしん鉄筋を使用。

ダブル配筋により耐力をUP!

**控え壁は不要！**
(令6条の8の「ただし」書きによる)

地上高さ
**2.4m**
〜
**1.2m**

ボイドRMユニットにより塀を軽量化

▽GL

**RM造基礎**

地上高さは2.4mまでを想定するが、注文に応じて設計が可能

▽道路面

### アウトドア空間も快適に活用

自然災害から家を守るだけではなく、防火や遮音にも効果を発揮する。例えば、ピアノの音がうるさいといった場合の防音壁としても使用することができる。コロナ禍で庭を積極的に活用して豊かに暮らしたいというニーズが高まっているが、プライバシーを守りつつ近隣への迷惑も考慮した空間づくりが可能だ。また、集合住宅の駐車場で排気ガスや音が周辺に漏れないようにと高い塀を求めるニーズにも対応する。

### 錆びにくい鉄筋をダブルで使用、控え壁も不要

錆びにくいエポキシ樹脂塗装を施した「あんしん鉄筋」をダブルで配筋することで耐力を高める。建築基準法に基づき、構造計算により耐力を確認することで控え壁が不要だ。さらにボイドRMユニットにより塀の軽量化を実現、地盤改良なども不要と使い勝手が良い。

防災だけではなく、防音壁などさまざまな使い方も

# エバーアートボード

## 天然素材と見間違うほどの美しさ
## 優れた耐久性を併せ持つ化粧材

**エクステリア**

┤ プレミアムポイント ├

### 株式会社タカショー

☎0120-51-4128
https://takasho.co.jp/

ガーデン・エクステリア専業メーカーであるタカショーの代名詞といえる製品が「エバーアートボード」。アルミ材に高耐候シートをラッピング、屋内・屋外ともにさまざまなシーンで使えるリアルなテクスチャーパネルである。

豊富なデザインバリエーションがポイントで、木柄、石柄、メタルカラー、和柄、塗り柄の5柄88色を用意。どれも本物のテクスチャーそのままに表面の凹凸などハイライトや影を忠実に再現、近くで見ても本物と見間違うほどの美しさを備えてい

る。さらにスタイリッシュな「シックシリーズ」も揃えている。

大きな特徴が施工を簡素化したこと。乾式工法を採用し、特殊な工具が必要なく簡単に施工できる。切断は丸ノコやカッターでも行え、加工に手間がかからない。

また、優れた耐候性も兼ね備え、風雨にさらされる過酷な環境下においても、長期にわたり美観を維持する。素材シートの変色や剥がれに対する10年のメーカー保証を付与、安心して使うことができる。

**記者の目**

コロナ禍で"おうち時間"が増えるなか、暮らし方が大きく変わった。なかでも、より快適に、自分らしく暮らしたいと、その活用が進んだのがアウトドア空間だ。こうしたなかでエクステリア製品には、より高いデザイン性が強く求められている。

「エバーアートボード」は、アルミ形材を高耐候シートで覆った「エバーアートウッド」などと組み合わせることで機能門柱、門扉、門扉袖、アーチ、塀、フェンス、カーポートなどさまざまな派生商品へと発展させることが可能だ。アウトドア空間までも含めた暮らし方提案が加速するなか、デザイン性、施工性の高さがエクステリア事業者などから高い評価を得ている。

## 軽量で作業負担を軽減、リフォームにも最適

エバーアートボードを用いて下地をとことん軽量化することで、現場作業の負担軽減に寄与する。新築だけでなく、既存のブロック塀などの上からエバーアートボードを貼り付け、簡単に空間演出をすることも可能で、リフォームにも最適だ。

Before

After

既存ブロックを再利用したリフォーム例。簡単に、自由に外壁を化粧できる

## 室内専用のボードもラインアップ

カラーバリエーションは全88色と豊富にラインアップ。屋外用だけでなく屋内用も取り揃えている。屋外用は基材にアルミ複合板を使用するが、屋内専用ボードはMDFを採用することで1枚当たりの価格を抑えた。もちろん意匠性は屋外用と変わりはなく、優れた耐候性も併せ持っている。

上からRC、大谷石、RC杉板、ジャラ細格子

基材にMDFを採用した室内専用ボードもラインアップ。美しい仕上がりはそのままに価格を抑えた

## 機能門柱やフェンスなどユニット品も豊富に取り揃え

エバーアートボードを活用したユニット品も多く取り揃える。機能門柱や門扉、門袖、フェンスなどあらかじめ工場で製造し、現場ではユニット同士を組み立て、埋め込むだけで施工が完了する。
「エバーアートボード ユニット門袖 埋め込みポスト仕様」もその一つで、豊富なカラーバリエーションを持つエバーアートボードを活用することでデザイン性を追求した。ユニット門袖にポストを取り付けたユニット品として提供、サインや照明なども組み合わせて取り付けることも可能だ。

# SW移動間仕切りシステム

## 自由自在に空間を間仕切り、プランニング パネルの開閉も収納もスマートに

金物

プレミアムポイント

### アトムリビンテック株式会社

☎03-3876-0600
https://www.atomlt.com/

近年、とくに都心部のマンションなどでは、土地代のほか、建築資材、人件費などの建築費が高騰するなかで、戸数を増やし利益率を高めようとする動きが加速し、これに伴い一戸当たりの居住面積も縮小傾向にある。そこで重宝されるのが、間仕切りを自由に動かし、居室の用途を変えられる移動間仕切りだ。自由自在に空間の間仕切りをプランニングすることができ、パネルを開くことで、リビング空間をより広く活用する、パネルを閉め、空間を仕切ることで、個室やテレワークスペースなどとして活用する、といった使い方が可能になる。空間を有効活用できる建材として注目度が高まっている。

内装金物メーカーであり、ソフトクローズ商品のパイオニア企業として引戸市場の拡大をけん引してきたアトムリビンテックは、移動間仕切りを実現するための吊り車、レール、フランス落しなどから成る「SWシステム」を展開。様々な生活シーンに応じた活用方法を提示する。

### 記者の目

近年、都内のマンションなどにおいて、空間を有効活用できる建材として移動間仕切りの存在感が高まっている。コロナ禍により在宅時間が増加し、テレワーク用に、趣味用に、「もう一部屋欲しい」というニーズの高まりにも対応する。

メーカー各社がしのぎを削り、移動間仕切りの提案を強化するが、アトムリビンテックの「SWシステム」は、関連商品のラインアップ、プランニングの充実度で他社をリードする。同社の強みは、住まい手をはじめ、デベロッパー、ハウスメーカー、建具メーカーなどからの「こんな商品」がほしいという声に向き合い、商品に反映する開発体制を整えていること。様々なニーズをすくいあげて、「SWシステム」はさらに進化していきそうだ。

### 耐荷重性能、
### 操作性を大幅に向上

引戸を吊る「吊り車」の形状を見直すことで、パネル1枚当たりの耐荷重性能を向上、40kg以下のパネルを吊ることが可能。天井まで届く高さのより大きな引戸にも対応できる。よりスムーズで安定感のある操作性も実現した。引戸パネルを開閉方向に動かす際に4つの車輪が回るため走行が安定する。パネルを吊ったまま、上下の高さと吊り車間のピッチを調整できる。

移動間仕切金具「SW-900（自在タイプ）」の吊り車（写真右）。従来品（写真左）から形状を見直すことで、荷重性能、操作性を大幅に向上させた

 ### 豊富な収納、
### 出入りの仕方のバリエーション

「平行収納」、「回転収納」、「コーナー納まり」といった収納のバリエーションを設定。また、出入りの仕方のバリエーションも、間仕切りの端に設置する「引戸パネル」、「開き戸パネル」の他、間仕切りの中央に設置する「フリーオープンパネル」など、豊富に用意。パネルを3枚、4枚、5枚と増やしていくことで、より広い空間にも対応できる。コンパクトな収納スペースを設けることで、全開時にも邪魔にならない。

 ### 様々な生活シーンに対応
### ガラスパネルで高級感の演出も

生活シーンに応じて室内空間を賢く使う移動間仕切りの活用方法を提示する。「平行収納プラン」は、収納側の一番端のパネルが、開閉可能な引戸になるプラン。パネルは平行に重ねて収納。先端のパネルを幅広にするとパネル収納時に収納スペースを覆って隠すことができる。「回転収納Aプラン」は、一番端のパネルが開き戸になるプラン。パネルは90度方向転換させて収納。先に開き戸を開いてから収納する。「回転収納Bプラン」は、Aプランと同じ回転収納方式で、先に収納パネルを収納し、最後に開き戸で収納スペースを覆って隠すことができる。「コーナー納まりプラン」は、引戸をL字に突き合わせることで、大部屋に個室を創出できるプラン。平行・回転どちらの収納方法にも対応する。

「平行収納プラン」のイメージ。来客時などに、パネルで間仕切り、プライベート空間を隠すことができる

「回転収納プランA」のイメージ。パネルの収納スペースを工夫することで、全開時にも室内空間の邪魔にならない。出入口を複数設けるプランニングも可能だ

アルミフレームにガラスを組みあわせたハイエンドの移動間仕切り「liberte（リベルテ）」。リビングの一角に書斎や趣味の空間を創出できる

# プレセッターSU 片持ち梁金物

## プレセッターSUとの併用で片持ち梁を実現
## シンプルな構造でL字型バルコニーも

金物

━━━━┤ プレミアムポイント ├━━━━

BXカネシン株式会社

☎03-3696-6781
https://www.kaneshin.co.jp/

「プレセッターSU」は、コンパクトかつコストを抑えた1ピース型の金物工法。2ピース型に比べて、事前にプレートを差し込む手間がなく、ピン数も少なくてすむため金物の取付け作業時間を35％削減、小型化・軽量化したことで低価格も実現した。さらに金物の出幅が58mmとコンパクトで、スペーサー（養生材）が最小限で抑えられるため、輸送の効率化、ゴミの削減にも寄与する。また、金物を2種組合わせて540mm以上の大きな梁にも対応可能で、中大規模木造でも既製品の金物で対応でき、コストを抑えた設計が可能となる。こうしたメリットが評価され、同社のロングセラー商品となっている。

「プレセッターSU 片持ち梁金物」は、プレセッターSUと併用し、片持ち梁を支える補助金物として開発した。シンプルな構造でL字型バルコニーを実現でき、構造の制約を解消、1階に大きな窓を取り付けることができるプラスαの価値を創出する商品だ。

記者の目

「プレセッターSU 片持ち梁金物」は、プラスαの価値を創出する商品だ。

コロナ禍で在宅時間が増え、より快適な住空間づくりが求められている。例えば、庭やバルコニーなどのアウトドア空間の活用が象徴的だろう。シンプルな構造で付加価値を高めた空間利用を可能にする「プレセッターSU 片持ち梁金物」は、こうしたニーズの提案にもってこいの商品といえる。

その一方で、職人の高齢化が進むなか、現場における施工の簡略化、施工の負担軽減、施工者の技能に左右されない安定した品質確保が強く求められている。「プレセッターSU」と「プレセッターSU 片持ち梁金物」は、これらのニーズを満足する金物であり、その採用は今後も広がりそうだ。

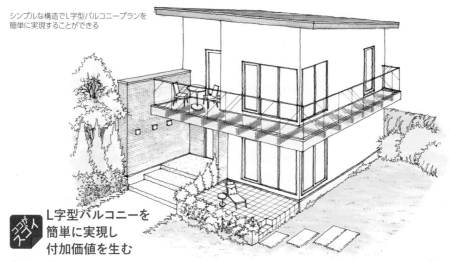
シンプルな構造でL字型バルコニープランを
簡単に実現することができる

 ## L字型バルコニーを
簡単に実現し
付加価値を生む

構造の一部としてバルコニーを設置する場合、特にX方向とY方向の2方向にバルコニーを設置する「L字型バルコニー」のケースでは、これまでは梁が二重構造となり、材積も増えるといった課題があった。「プレセッターSU 片持ち梁金物」は、この課題の解消を目指し開発した商品。建物の外周梁に取り付けた「片持ち梁」（梁の一端を固定して他端を持ち出しにして自由な状態にする梁）の下部に取り付ける。「プレセッターSU」と併用し、部屋内梁と外周梁、片持ち梁を厚さ24mmの構造用合板と専用のビスで一体化することで、シンプルな構造で片持ち梁支持を実現でき、L字型バルコニープランを簡単に実現できる。

専用ビスと構造用合板で部屋内梁と外周梁、片持ち梁を一体化

 ## 中大規模木造も
コストを抑えた対応が可能

ロングセラー商品の「プレセッターSU」は2種組合わせることで540mm以上の大きな梁にも対応することができる。近年、ニーズが高まっている中大規模の木造建築物でも既製品の金物で対応することができ、コストを抑えた設計が可能だ。

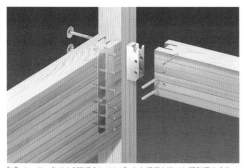

「プレセッターSU」を2種組合わせれば、中大規模木造でも既製品の金物で対応が可能

## バルコニーと大きな窓の
両立も可能

開口部の上にバルコニーを設置する場合、従来の片持ち梁の設置方法では構造上の強度を高めるために、片持ち出し梁直下に柱を設置する、あるいは開口部の上部に枕梁を確保することが求められ、開口部の高さが低くならざるを得なかった。構造の制約が少ない「プレセッターSU 片持ち梁金物」を用いれば、大きな窓とバルコニーの設置を利用率することができ、軒天まで窓を高くすることができる。

ハウジング・トリビューンが選ぶ
## プレミアム住宅建材 50 2023年度版

令和5年3月28日　第一刷発行

| | |
|---|---|
| 発行人 | 中山 紀文 |
| 編著 | ハウジング・トリビューン編集部 |
| 編集人 | 平澤 和弘 |
| 編集スタッフ | 沖永 篤郎<br>早野 嘉倫<br>町田 結香 |
| デザイン | 中谷 慎次 |
| 企画・営業スタッフ | 湯澤 貴志<br>絵鳩 絢子<br>村田 茂雄<br>河野 静代 |
| 発行 | 株式会社 創樹社<br>東京都文京区湯島1-1-2 ATMビル<br>TEL 03-6273-1175／FAX 03-6273-1176 |
| 書店販売 | 株式会社 ランドハウスビレッジ<br>神奈川県川崎市麻生区高石3-24-6<br>TEL 044-959-2012／FAX 044-281-0276 |
| 印刷 | 勝美印刷株式会社 |

乱丁・落丁本はお取替え致します
定価 1,650円（本体1,500円＋税10%）
ISBN978-4-88351-150-1